해외직접투자

성균관대 무역연구소
정홍주 소장 편저

박영사

머리말

　기업의 국경간 이동을 의미하는 해외직접투자는 50년 전에는 국부를 유출시키는 주요인으로 피투자국 국민과 정부로부터 비난과 경계의 대상이었으나, 오늘날에는 반대로 고용창출과 기술진보에 기여하는 원천으로 매우 환영받고 있다. 개도국은 물론 미국 등 선진국에서도 한국 등 외자기업의 유치를 위한 러브콜이 이어지고, 중국 소재 삼성공장의 베트남 이전 가능성은 국제적인 뉴스가 된다. 심지어 국내 지자체의 경우에도 대기업 공장이나 시설을 유치하고자 여타 지자체보다 우월적인 금융, 세제 공세를 펴고 있다.

　한편 정치, 경제, 사회, 문화, 금융, 법제, 세제, 회계제도가 상이한 타국에서 기업을 신설하거나 매수 합병하는 것은 국내의 그것에 비해 많은 불확실성과 리스크를 내포한다. 우리나라 기업이 외국의 개도국이나 선진국에 진출하는 경우나, 외국기업이 한국에 진출하는 경우 모두 마찬가지이다. 기업이 개도국에 진출하는 주요 이유는 저렴한 원료나 노동력을 얻고 활용하기 위함인데, 그로 인한 리스크 또한 크다. 선진국에 진출하는 기업은 소비자의 구매력과 시장접근성을 주로 보고 간 것이지만, 선진국의 높은 수준의 소비자 보호나 환경보호 기준 등은 부담스러운 부분이다.

　일곱빛깔 무지개로 보이는 해외직접투자는 실무에 들어가면 일곱 가지 리스크 덩어리이다, High (Expected) Return에는 High Risk가 수반된다. There is no Free Lunch in the world. 이런 이유에서 해외진출에는 반드시 변호사, 회계(세무)사, 보험중개인이 동반해야 한다는 말도 있다. 시장확보형, 원료확보형, 노동자확보형, 기술확보형, 리스크분산형 여러 가지 해외직접투자에는 다소 상이한 리스크와 리스크관리가 요구된다(정홍주/윤형빈, 2019, The Relationship on Risk Type, Risk Management, and Business Performance-Evidence from

Korean FDIs in China, Journal of Korea Trade 참조).

　한편 오늘날 점차 중요성이 증가하며 복잡하고 위험한 해외직접투자 실무에 대한 전문적인 서적이 매우 드문 실정이다. 이런 상황에서 2019년에 진행된 성균관대 해외직접투자 전문가 양성과정은 법률적 측면과 경영적 측면을 중심으로 실무형으로 진행되어 성황을 이룬 바 있다. 본 서는 당시 진행된 수업내용을 정리하여 여러분이 공유할 수 있도록 발간한 전문서적이다. 대학교재나 교양서적과 달리 다소 무겁고 딱딱할 수 있으나 꼭 필요한 분들에게는 전문적 도움을 줄 서적이 될 것이다.

　성균관대 무역연구소가 이런 프로그램을 운영하고, 전문서적을 발간하여 한국의 국제화와 기업의 해외진출 그리고 외국기업의 한국진출과 원만한 경영활동을 지원하는 데 일익을 담당하게 되어 기쁘게 생각한다. 혹시 부분적으로 미비한 부분이 있거나 보완이 필요한 부분이 있다면 추후 개정작업에 적극적으로 반영할 계획이다. 그간 강의와 원고 정리에 참여해주신 여러분들과 도서출판을 담당해준 박영사 관계자분들의 깊은 감사를 전한다.

2022년 2월 10일
성균관대 무역연구소 소장 정홍주(교수)

목차

해외직접투자의
기본 개념

01 해외직접투자의 정의

해외직접투자(FDI: Foreign Direct Investment)는 국제적 자본이동(International Capital Movement)의 한 형태로서 기업이 장기적인 관점에서 해외기업에 투자하고 경영권을 확보하여 직접 경영하거나 경영에 참여하는 형태의 외국인 투자를 의미한다. 한국의 외국환 거래법 제3조는 외국 법인의 경영에 참여하기 위하여 외국 법인이 발행한 증권을 취득하거나 그 법인에 대한 금전의 대여하여 취득한 주식 또는 출자지분이 해당 외국 법인의 발행주식 총수 또는 출자총액에서 차지하는 비율이 100분의 10 이상인 투자 및 외국에서 영업소(지점·사무소 등)를 설치·확장·운영하거나 해외사업 활동을 하기 위하여 자금을 지급하는 행위를 해외직접투자로 정의한다. 해외직접투자 기업은 주로 저렴한 생산요소 이용, 시장확대, 투자대상국의 제3국 수출 기지화 등을 목표로 하여 자본, 특허, 상표권, 경영 노하우 등의 경영자원을 해외로 이전시키게 된다. 이러한 해외직접투자는 수출이나 계약에 의한 해외 진출 방식과 비교할 때, 사업에 대한 강한 통제력을 갖고 투자의 기대이익이 크지만, 투자비용과 리스크도 크게 나타난다.

한편, 배당금이나 이자, 시세차익을 목적으로 외국 자본시장의 주식이나 채권을 취득하는 것은 해외간접투자(Foreign Indirect Investment)라고 한다. 해외간접투자는 국제적인 위험의 분산측면에서 접근하는 경우가 많으며, 중단기적 관점에서 투자를 진행한다. 해외직접투자와 해외간접투자는 목적, 경영 참여 여부, 투자 기간, 기술 및 자원의 이전 여부 등에서 차이를 보인다.

국가별로 해외직접투자로 조금씩 차이가 나지만 대부분의 국가들은 해외기업의 주식을 10~25% 이상 소유하는 경우를 해외직접투자로 규정한다. 한국의 경우에는 해외기업의 주식을 10% 이상 소유하는 것을 해외직접투자라고 정의하고, 10% 미만의 주식 소유는 단순한 증권투자와 같은 포트폴리오 투자로 간주

한다. 미국의 경우에도 해외기업의 주식을 10% 이상 소유하는 경우를 해외직접투자로 분류한다. 해외직접투자의 정의에서 일정 지분 이상을 소유 여부를 기준으로 하는 이유는 투자 후 경영에 직접 관여하기 위해서는 일정 수준 이상의 지분이 필요하기 때문이다.

본 장에서는 해외직접투자의 정의와 함께 최근의 해외직접투자 동향과 그 특징에 대해서도 살펴보도록 한다. 또한, 기업이 왜 해외직접투자를 하는지, 해외직접투자가 어떻게 이루어지며, 그 리스크는 무엇인지에 대해서 알아보고 국가적인 관점에서 해외직접투자를 유치하는 것이 좋은지, 유치하기 위해서는 어떠한 정책이 필요한지를 확인해 보도록 한다.

SECTION

02   해외직접투자의 추세

1) 세계의 해외직접투자

지난 40여 년간 세계 경제에서 해외직접투자(FDI)는 양적으로 큰 성장을 보였다. 연간 해외직접투자 유출액은 1975년 250억 달러에서 2020년 1조 달러로 증가했다. 그러나 장기적인 추세와는 달리, 연간 해외직접투자 유출액 규모는 2000년대 초반 이후, 경제 상황에 따라서 <그림 1.1>과 같이 증가와 감소를 반복하고 있다.

〈그림 1.1〉 세계 해외직접투자액 추이, 1990-2018

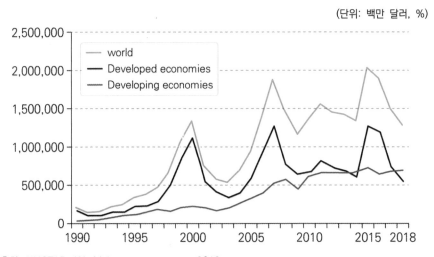

출처: UNCTAD, World investment report 2019

1990년대 해외직접투자의 빠른 성장은 서구 다국적 기업의 세계화 및 아웃소싱의 가속화에 기인한 바가 크다. 세계 경제의 글로벌화, 개발도상국들의 자유무역경제로의 전환이 진행되면서, 기업들은 새로운 시장으로의 진출이나 인건비가 낮은 개발도상국에서의 생산을 목적으로의 해외직접투자를 늘려나갔다. 이 시기의 해외직접투자는 선진국에 기반을 둔 회사들이 주도하여 이루어졌으며, 가장 선호되는 투자국은 미국이었다. 크고 부유한 국내 시장과 안정적인 정치와 경제, 해외직접투자에 대한 개방성을 이유로 영국, 일본, 독일, 네덜란드, 프랑스 등이 미국에 투자하였다. 미국은 현재까지 해외직접투자의 주요한 유입국의 위치를 유지하고 있다.

비록 선진국이 해외직접투자 유입의 가장 큰 비중을 차지하고 있지만, 1990년대 개발도상국으로의 해외직접투자 유입 또한 증가하는 추세를 보인다. 남아시아, 동아시아, 동남아시아 신흥국가들이 개발도상국으로의 해외직접투자 유입의 주된 목적지가 되었으며, 개혁개방 이후 중국도 주요한 해외직접투자 대상국으로 부상하였다.

하지만, 해외직접투자의 지속적인 증가세는 2000년대 닷컴 버블 붕괴로 인해 꺾이게 된다. 경제 위기의 영향으로 해외직접투자의 유출과 유입이 모두 감소하였고, 이는 2008년 글로벌 금융위기에도 반복된다. 이후, 국제경제의 환경이나 리쇼어링 정책과 같은 국제정치의 상황에 따라서 해외직접투자는 증감을 보인다. 다만, 개발도상국들로 향하는 해외직접투자는 경제적인 부침에도 꾸준히 성장하여, 2020년 기준 6,630억 달러의 해외직접투자 유입으로 선진국의 3천 120억 달러의 2배에 이르고 있다.

최근 해외직접투자에 가장 큰 영향을 준 요인은 COVID-19 대유행에 따른 경기침체이다. 기존 투자 프로젝트가 지연되고, 경기침체로 다국적기업들은 새로운 프로젝트의 수익성에 대해 재평가하면서 해외직접투자는 국내총생산이나 무역보다 더 큰 감소를 보이고 있다. 이에 따라 연간 해외직접투자 유출액은 2019년 1조 5천억 달러에서 1조 달러로 35% 감소했다. 이는 글로벌 금융위기 이후인 2009년의 전 세계 해외직접투자 금액보다 20% 정도 낮은 수준으로, 2005년 이후 가장 낮은 수치이다.

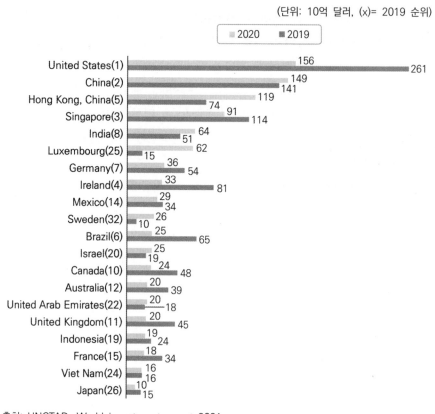

(단위: 10억 달러, (x)= 2019 순위)

■ 2020 ■ 2019

	2020	2019
United States(1)	156	261
China(2)	149	141
Hong Kong, China(5)	119	74
Singapore(3)	91	114
India(8)	64	51
Luxembourg(25)	62	15
Germany(7)	36	54
Ireland(4)	33	81
Mexico(14)	29	34
Sweden(32)	26	10
Brazil(6)	25	65
Israel(20)	25	19
Canada(10)	24	48
Australia(12)	20	39
United Arab Emirates(22)	20	18
United Kingdom(11)	20	45
Indonesia(19)	19	24
France(15)	18	34
Viet Nam(24)	16	16
Japan(26)	10	15

출처: UNCTAD, World investment report 2021

해외직접투자의 침체는 선진국에 집중되어 있는데, 2020년 개발도상국의 해외직접투자 유입액은 아시아 지역의 경제 회복에 힘입어 2019년 대비 8% 감소하는데 그쳤으나, 선진국은 58% 감소하였다. 개발도상국의 전 세계 해외직접투자에서의 비중이 절반 이하에서 3분의 2로 증가하게 된 것도 2020년 전염병에 따른 경기침체의 영향이다.

선진국으로의 해외직접투자 유입이 58% 감소한 가운데 2020년 유럽의 총 해외직접투자 유입액은 2019년 3,630억 달러 대비 80% 감소한 730억 달러에 그치고 있다. <그림 1.2>와 같이 영국(-57%), 프랑스(-47%), 독일(-34%)에 대한 해외직접투자도 크게 감소하였으며 미국에 대한 해외직접투자도 40% 감소한

1,560억 달러 수준이다. 그러나 중국에 대한 해외직접투자는 경제성장의 회복과 투자 유치 및 개방에 힘입어 6% 증가한 1,490억 달러에 달하였다. 이에 따라 해외직접투자 유입액 규모에서 2위인 중국과 미국의 차이는 더욱 좁혀지게 되었다. 또한, 정보통신산업에 대한 인수로 인도에 대한 해외직접투자도 증가하여 세계 5위 수준의 해외직접투자 유입액을 기록하였다.

〈그림 1.3〉 **주요국가의 해외직접투자 유출액, 2019/2020**

(단위: 10억 달러, (x)= 2019 순위)

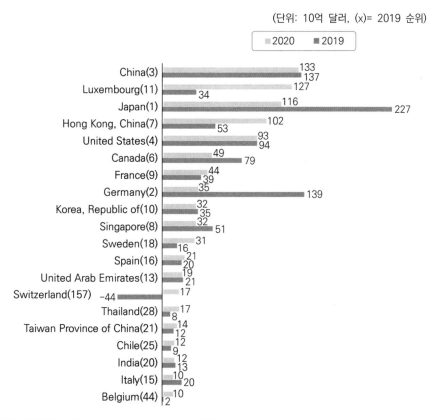

출처: UNCTAD, World investment report 2021

과거 해외직접투자는 미국을 비롯한 선진국들이 주도하였다. 그러나 중국을 비롯한 개발도상국들의 성장과 전염병에 따른 경기침체는 〈그림 1.3〉과 같이 주요 해외직접투자 투자국들에도 영향을 주고 있다. 2020년, 선진국 다국적기업들의 해외 투자는 3,470억 달러로 2019년 대비 56% 줄어, 전체 해외직접투자 투자액에서의 비중이 47%로 최저치를 기록하였다. 특히, 유럽 다국적기업의 해외 투자액은 1987년 이후 최저치인 740억 달러로 80% 감소하였다. 유럽에서 가장 큰 투자국 중 하나인 네덜란드의 해외직접투자는 청산 및 투자 회수로 −1,610억 달러를 기록했으며, 독일 역시 550억 달러에 달하는 대출회수로 해외직접투자 유출액이 75% 감소하고 영국 역시 해외자산에 대한 투자회수로 −330억 달러의 해외직접투자 유출을 보였다. 그리고 2019년 최대 해외직접투자 유출국이었던 일본의 해외직접투자도 절반수준인 1,160억 달러로 감소하였다.

반면, 미국의 해외직접투자 유출은 2019년과 유사한 930억 달러 수준을 유지하였고, 중국의 해외직접투자 유출은 3% 감소하였으나 1,330억 달러를 유지하여 세계 최대 규모의 해외직접투자 유출액을 기록하였다. 중국의 경우, 전염병이 유행하는 상황에서도 일대일로 전략에 따른 해외직접투자가 지속되었으며, 홍콩을 경유하는 중국 다국적기업의 해외기업 인수합병 투자액도 2배로 증가하였다.

결국 세계의 해외직접투자는 2000년대 이후로 경기의 흐름에 크게 영향을 받고 있는 것을 알 수 있다. 또한, 과거에는 선진국의 다국적기업들이 해외직접투자를 주도하였으나, 유출과 유입 모두에서 중국을 비롯한 개발도상국의 비중이 증대되고 있음을 확인할 수 있다.

2) 한국의 해외직접투자

한국에서의 해외직접투자는 1997년 외환위기 이전까지는 유출입 규모가 미미한 수준이었다. 그러나 자본시장 개방으로 자본의 유출이 빠르게 확대되면서 2008년부터 해외직접투자 유출액이 유입액을 초과하는 해외직접투자 순유출국으로 전환되었다. 특히 한국기업의 해외직접투자는 1980년대 후반 이후 높은 증가세를 지속하여 2000년 52억 달러에서 2020년 325억 달러로 성장하였다. 특히, 제조업의 경우 2019년 기준 183억 달러 수준의 해외직접투자가 이루어졌다. 제조업 해외직접투자의 대부분은 무역장벽을 우회하여 현지시장에 진출하기 위한 목적으로 이루어지고 있으며, 반도체 등 전자 및 통신장비 업종이 주도하고 있다.

한편, 2020년, 한국의 해외직접투자 유입액은 전염병 확산의 통제와 경제성장의 유지에도 불구하고 4% 감소한 92억 달러를 기록했다. 감소의 주요한 요인은 2019년 38억 달러에 달했던 인수합병 투자가 투자회수로 2020년 −19억 달러로 감소한 데 기인한다. 그러나 소폭 감소하는 추세에도 일부 산업에서의 해외직접투자는 증가하는 흐름을 보인다. 특히 인공지능(AI), 빅데이터, 클라우드 컴퓨팅과 같은 4차 산업 혁명 관련 산업, 전기 자동차, 그리고 생명공학 산업에 대한 해외직접투자 신고액은 9.3% 증가한 84억 달러로 전체 해외직접투자 신고액의 40% 이상을 차지하고 있다.

한국은 해외직접투자 순유출국으로 유입액이 유출액의 3분의 1에도 미치지 못하고 있으며, 유입액은 2000년대에 들어서서 큰 증가를 하지 않고 있다. 정부와 각 지방 자치단체들이 외국기업의 해외직접투자 유인을 위한 경제자유구역 확대, 조세감면, 각종 인센티브 제공 등의 정책을 펼치고 있으나 작은 국내시장 규모와 상대적으로 높은 인건비에 해외직접투자 유입의 증가는 쉽지 않을 것으로 보인다.

SECTION

03 해외직접투자의 동기

왜 기업들은 수출이나 계약을 통해서 해외시장에서 수익창출 기회를 살릴 수 있음에도 불구하고 예상되는 비용과 위험이 더 높은 해외직접투자를 통해서 해외에 영업활동을 하는가? 해외직접투자 결정요인에 대한 연구는 1960년대 이후 진행되었다. 쉽게 생각할 수 있는 해외직접투자의 이유는 해외시장 진출을 통해서 기업의 매출을 늘리거나 생산 비용이 낮은 지역으로 생산시설을 이전하여 이익을 늘리는 것인데, 여기서는 이에 관한 이론들을 살펴보도록 하자.

1) 경쟁우위의 활용

기업이 기술, 브랜드, 마케팅능력과 같은 경쟁우위를 갖고 있을 때, 이를 내수시장뿐만 아니라 더 넓은 해외시장에 활용할 수 있으면 더 큰 수익을 보장받을 수 있을 것이다. 해외직접투자를 통한 국제화는 기업이 갖고 있는 경쟁우위를 해외시장에서 활용하는 것이다. 그러나 내수시장에서 경쟁우위를 갖고 있다고 해서 해외시장에서 성공한다는 보장은 없다. 왜냐하면, 국제화의 경험이 부족한 기업은 외국의 현지기업에 비해 많은 불리한 점을 감수하여야 하기 때문이다. 즉, 외국기업은 언어와 문화에 대한 이해의 측면에서 현지기업에 비해 불리하고, 현지국의 유통망, 대정부관계에서 취약하다는 것이다. 이와 같이 외국기업이 갖는 불리함을 외국인 비용(liabilities of foreignness)이라고 부른다.[1] 따라서, 외국의 투자기업이 현지시장에서의 불리한 점에도 불구하고 경쟁에서 우위를 누리기 위해서는 외국인 비용으로 인한 불리한 점을 충분히 상쇄할 수 있는 경쟁우위를 가지고 있어야 한다. Hymer는 이와 같은 이유로 기업들이 독점적인 경쟁우위(monopolistic advantage)가 있는 경우, 이윤극대화를 위해 해외직접투자를 행한다고 주장하였다.[2] Hymer가 독점적 경쟁우위를 강조한 이유는 그만큼 외국인 비용이 크므로 외국인 비용을 상쇄할 만큼의 경쟁우위를 보장해 줄 수 있는 기술, 브랜드 마케팅 능력이 없으면 직접투자가 성공할 수 없기 때문이다.

Hymer에 의해 주창되고 Caves에 의해 더욱 발전된 독점적 우위이론은 미국과 유럽의 직접투자패턴을 잘 설명해 준다. 미국의 IBM과 Coca Cola와 같은 회사는 기술력과 브랜드를 갖고 일찍부터 해외직접투자를 통해 다국적기업이 되었다. 이와 같이 강한 기술력과 브랜드를 갖지 못한 기업은, 많은 경우 직접투자에서 실패하였다.

2) 내부화

기업들이 해외직접투자를 하는 또 다른 이유는 기업이 해외경영을 하는 데 필요한 지적자산과 원자재 등의 거래를 수행함에 있어서 시장을 이용하는 것보다 기업내부거래를 통해 수행하는 것이 더욱 효율적이기 때문이다. 이는 다국적기업이 경영자원의 국제간 이동을 보다 효율적으로 수행하는 조직체라는 것을 의미한다. 이와 같이 경영자원을 국가 간에 효율적으로 이전할 수 있도록 해외직접투자가 일어난다는 설명은 거래비용이론(transactions cost theory)의 관점에서 설명할 수 있다.[3] 즉, 기술과 브랜드와 같은 경영자원은 시장을 통해서 거래하기 힘든 경영자원이며, 원자재의 해외구매 역시 가격, 품질, 납기일 측면에서 많은 불확실성이 존재한다. 해외직접투자는 이와 같은 시장거래를 기업내부의 거래로 내부화(Internalization)함으로써 시장거래비용을 줄이고 효율성을 높인다.

기업이 내부화하려는 대표적인 경영자원은 기술, 브랜드와 같은 경영자원이다. 경영자원의 내부화는 기업자신이 갖고 있는 경영자원을 해외시장에 활용할 경우와 투자대상국 특유의 경영자원을 획득하는 경우에 공통적으로 나타난다. 이와 같은 무형자산은 쉽게 전달할 수 없는 지식인 경우가 많으며 연구원의 두뇌, 공장엔지니어의 손끝에 체화되어 있는 경우가 많다. 이러한 지적 경영자원은 외국으로 이전하는 데 많은 비용이 수반된다.

한편, 내부화동기에 의한 직접투자는 원자재의 원활한 공급을 위해서도 활발히 이루어지고 있다. 섬유, 의류, 금속조립산업에서 동남아, 중남미에 직접투자가 이루어지는 것은 주로 저개발국의 싼 임금을 활용하기 위해서이다. 광물, 농산물 등의 원료를 외국에서 조달하는 경우에도 시장거래를 통한 불확실성을 줄이려는 목적의 직접투자가 활발히 이루어지고 있다.

　Dunning은 독점적 경쟁우위이론과 내부화이론에 입지우위론(Location – specific advantage)을 더한 절충이론(eclectic theory)을 주장하였다.[4] 입지우위론은 어느 특정지역에서만 구할 수 있는 경영자원을 활용하기 위해서는 그 나라에 직접투자의 형태로서 진입하여야 한다는 것을 의미한다. 예를 들어, 원유, 목재와 같은 천연자원을 확보하기 위해서는 그러한 천연자원들을 구할 수 있는 지역에 현지법인을 설립하여 활용하여야 한다. 또한 노동력 역시 쉽게 이동할 수 없으므로, 값싼 노동력을 활용하기 위해서는 저임금국가에 직접투자를 해야만 한다. 이러한 절충이론은 기업의 해외직접투자 결정이 독점적 경쟁우위, 내부화, 입지우위를 종합적으로 고려해야 한다는 점을 지적하고 있다.

3) 환율위험 및 무역장벽의 회피

　해외직접투자는 보호무역장벽의 우회수단으로 종종 사용되기도 한다. 한국기업이 유럽에서 현지생산을 하는 대표적인 이유 중의 하나는 수출에 대한 각종 관세 및 비관세장벽 때문이다. 특히, 실업률이 높은 유럽은 국가들이 직접투자를 유치하려고 각종 세금인하와 보조금지급을 약속하고 있다.

　한편, 직접투자를 통한 생산지역의 다변화는 환율변동의 위험으로부터 기업을 보호해 주는 역할을 한다. 한 지역에 집중하여 생산하는 기업은 환위험에 취약하다.

　환율변동위험과 무역장벽을 회피하려는 목적의 직접투자는 이론적으로 내부화목적의 투자의 일환으로 이해할 수 있다. 즉, 무역을 통한 시장거래의 불완전성의 일종인 환율위험과 무역장벽을 직접투자의 형태로 내부화함으로써 거래비용을 줄이는 것이다.

4) 제품수명주기와 과점적 경쟁

　제품수명주기이론(product life cycle theory)은 제품이 시장에 도입되어 사라지

기까지 일정한 수명주기를 가지고 있으며, 이러한 수명주기가 국가 간에 시차를 두고 진행되므로 그 과정에서 해외직접투자가 발생하여 선진국에서 개발도상국으로 생산기지가 옮겨간다는 이론이다. 즉, 제품개발 초기에는 선진국에서 제품생산이 이루어지나 제품이 표준화됨에 따라 개발도상국으로 생산기지가 옮겨가고 그에 따라 선진국에서 개발도상국으로 해외직접투자가 발생한다는 이론이다.

또한 과점적 경쟁이론은 소수의 기업들이 경쟁하는 상황에서 한 기업이 해외진출을 하면, 다른 경쟁기업들이 경쟁적으로 해외직접투자를 행하는 직접투자의 패턴을 설명한다. 과점적인 산업에서는 해외투자가 같은 시점에 집중하는 현상을 보이는데, 이러한 기업들의 행동은 상대방의 전략을 모방하여 상대적인 지위를 유지하고자 하는 동기로 빈번하게 발생한다.[5]

해외직접투자의 유형과 리스크

해외직접투자의 형태는 크게 현지기업과의 합작투자(Joint Venture), 외국에 새로운 기업을 설립하는 신설투자(Greenfield Investment), 기존에 운영되고 있는 외국기업에 대한 인수합병(Acquisition)으로 나눌 수 있다. 합작투자는 합작기업과 투자자금 및 각종 위험을 분담하는 형태이다. 합작투자는 현지상황에 대한 정보를 파트너로부터 파악할 수 있으며, 현지의 네트워크 형성에 유리하며 정치적 위험도 줄일 수 있다는 장점이 있다. 또한, 많은 나라에서는 제도적으로 해외직접투자 시 현지기업과의 합작투자를 강제하고 있어서 합작투자가 유일한 해외직접 투자의 방법인 경우도 있다.

그러나 합작투자는 또한 여러 가지 단점을 갖고 있다. 무엇보다도 합작투자는 합작 파트너와 경영방법과 전략상의 차이가 있다면, 이를 조정하는 데 큰 어려움을 갖는다. 또한, 합작파트너에게 자신의 기술이 이전되어 장차 경쟁기업을 만들게 되는 위험도 존재한다. 따라서 자신이 갖고 있는 경영자원을 보호할 필요가 있는 경우에는 100% 지분을 소유하는 단독투자가 더욱 효과적이다. 100% 소유의 단독투자는 투자기업이 완전한 통제를 갖는 장점이 있고, 합작 파트너를 고려할 필요가 없으므로 해외 자회사의 경영이 복잡하지 않다는 장점이 있다. 그러나 단독투자는 투자기업이 혼자 모든 위험을 부담하게 되어 위험부담이 크고, 파트너의 도움 없이 스스로 현지네트워크를 만들어야 하는 부담이 있다.

한편, 기업이 100% 단독투자를 선호하는 경우에도 신설투자와 기존기업의 인수합병이라는 두 가지 선택이 있다. 신설투자는 자신이 공장을 짓는 형태로서 투자규모에 알맞게 설비규모를 정할 수도 있고, 투자기업이 필요한 현지 인력을 필요한 만큼 유연하게 선택할 수 있다는 장점이 있다. 또한, 신설투자 형태의 진입은 그 다국적기업이 갖고 있는 기술을 이전하는 데 보다 용이하고, 생산 라인의 배치, 생산품목의 선택, 종업원의 고용 면에서 모두 자신이 원하는 대로 할 수 있다는 장점이 있다. 그러나 신설투자는 투자 결정 후 조업 시까지 상당히 오랜 기간 동안의 준비가 필요하다. 즉, 공장을 새로 건설하는 등 기업활동의 제반 사항을 모두 신설하게 됨에 따라 많은 시간이 소요된다.

이에 비해 인수합병은 빠른 해외시장 진입을 가능하게 한다는 장점이 있다. 즉, 이미 운영 중인 생산설비, 브랜드, 유통망을 한꺼번에 인수하므로 쉽고 빠르게 시장점유율을 높일 수 있다. 따라서 신속한 시장진입이 필요한 때에는 인수합병의 형태로 진입하는 것이 효과적이다. 또한, 인수합병은 피인수기업이 가진 기술을 습득할 수 있는 기회를 제공해 주기도 한다. 그러나 인수합병은 많은 경우 상당한 인수 프리미엄을 지급해야 하는 단점이 있다. 그리고 그 사업 분야에서 실패한 기업을 인수하였을 때, 이를 회생시키기 위하여 인수합병 결정 시 기대하지 않았던 많은 비용을 부담하게 될지도 모르는 위험도 부담하게 된다.

어떤 형태의 해외직접투자 방식을 선택해도 상당히 높은 수준의 리스크에 노출되게 된다. 해외직접투자의 리스크는 크게 거시적인 환경에 기인한 리스크, 산업의 특성에 기인한 리스크, 기업의 특성에 기인한 리스크 등 세 가지로 구분할 수 있다. 거시적인 환경에 기인한 리스크는 주로 국가리스크이며 현지국 정치적 환경의 불안정에 따른 정치적인 리스크, 경제구조 또는 경제성장의 변화에 따른 경제적인 리스크, 외국 정부의 자본이동 제한에서 발생하는 이전 리스크, 환율 변동에 따른 환 리스크, 부채상환 거부의 주권 리스크 등이 포함된다. 산업환경에 기인한 리스크에는 경쟁자의 행동이나 전략의 불확실성에서 발생하는 경쟁리스크와 충분한 질을 갖춘 자원을 얻지 못하는 자원리스크가 있으며, 기업 특성에 기인한 리스크에는 해외 파트너와 계약을 할 경우에 따르는 계약 리스크가 대표적이다. 이러한 해외직접투자의 리스크는 투자 전, 투자 후, 수용 및 몰수 후 등의 상황에 따라 적절한 전략을 수립하여 관리해야 한다.

05 해외직접투자의 이익과 비용

일각에서는 해외직접투자의 유치를 지지하고, 이를 정책적으로 지원해야 한다는 주장이 있지만, 다수의 국가들은 국가의 이익을 극대화하고 반대로 국가의 비용을 최소화하고자 하는 실용적인 태도를 보인다. 이러한 관점에서 대다수 정부는 해외직접투자는 그 이익이 비용보다 클 때에만 허용하고자 한다. 만약 충분한 경영자원을 가진 외국 회사들이 국내 시장에 직접 진입하고자 한다면 국내산업과 기술의 발전과 성장에 방해가 될 수도 있다. 성장 저해라는 비용이 직접투자에 따른 이익보다 큰 경우에 정부는 해외직접투자를 제한할 수 있다. 반대로, 고용 확대나 기술이전 등으로 국가에 이익이 더 클 것이라고 예상되는 경우에는 세금 우대나 보조금 제공 등으로 해외직접투자를 유치하고자 할 수도 있다. 여기서 우리는 투자대상국(receiving)의 측면과 투자국(source)의 측면에서 해외직접투자의 이익과 비용에 대해서 살펴보도록 한다. 그리고 해외직접투자를 유치하고자 한다면 정부에게 어떠한 정책적 수단이 있는지도 알아보도록 하자.

1) 투자대상국의 이익

해외직접투자의 유입으로 인해 투자대상국이 얻는 이익으로는 자원 이전 효과, 고용효과, 국제수지 효과, 그리고 경쟁과 경제성장에 미치는 효과를 들 수 있다.

첫 번째로, 해외직접투자는 투자대상국에서 확보하기 어려운 자본, 기술, 경영자원의 제공을 통해 해당 국가의 경제성장에 기여한다. 다국적기업들은 투자대상국의 기업들이 얻기 어려운 자본을 기업 내부의 자원을 통하거나 명성 및 신용도를 활용하여 자본시장에서 조달할 수 있다. 다국적 기업의 투자 과정에서 기술의 이전도 기대할 수 있다. 대부분의 저개발 국가에서는 기술 발전에 필요한 연구개발 자원과 기반 기술이 부족하다. 이런 국가들은 경제성장과 산업화를 촉진하기 위한 기술의 상당 부분을 선진국에 의존해야만 하고, 다국적 기업의 해외직접투자는 기술 제공의 주요한 경로 중 하나이다. 또한, 최신의 경영기술에 대한 이전 및 교육은 투자기업의 운영 효율을 개선하고, 현지 공급업체, 유통업체, 그리고 경쟁기업이 경영기술을 향상시키도록 자극하게 된다.

두 번째로, 해외직접투자는 투자대상국에 새로운 일자리를 창출하는 양의 고용효과를 가질 수 있다. 직접적인 효과로는 외국의 다국적기업이 투자대상국의 국민들을 고용하는 경우를 들 수 있으며, 간접적인 효과로는 현지 공급업체에 새로운 일자리가 창출되거나, 투자지역의 소비 증가로 새로운 일자리가 창출될 수 있다. 그러나 해외직접투자로 창출되는 새로운 일자리가 항상 고용을 증가시키는 것은 아니다. 외국기업의 투자로 새로운 일자리가 생겨나지만, 시장점유율을 잃어버린 경쟁기업에서는 일자리가 줄어드는 대체효과가 나타날 수 있다. 또한, 해외직접투자가 신설투자의 형태가 아니라 투자대상국의 기업을 인수하는 형태로 이루어지면 단기적으로는 구조조정에 의한 고용감소가 나타날 수도 있다. 그러므로 해외직접투자로 창출되는 순수한 고용효과의 크기는 경쟁 상황이나, 투자형태와 같은 조건에 따라 변동되게 된다.

세 번째로, 해외직접투자는 국제수지의 개선에 기여할 수 있다. 정부는 보통 다른 국가와의 지불액과 수령액에 따른 국제수지에서 경상계정의 적자를 기록하는 것을 우려한다. 재화와 서비스의 수출과 수입으로 결정되는 경상계정에서 적자는 수입이 수출보다 많을 때 발생하며, 적자의 충당을 위해 외국인에게 자산을 매각하게 된다. 자산이 무한하지 않은 국가 입장에서는 경상계정흑자가 주요한 정책 목표가 되며, 해외직접투자는 재화와 서비스의 수입 대체, 다국적기업의 수출 등으로 국제수지를 개선할 수 있다. 해외직접투자로 자국에서 생산되는 제품을 소비하면서 국제수지 향상에 긍정적인 영향을 미치며, 생산된 제품의 수출이 증대되면 역시 경상계정의 흑자에 도움이 된다.

마지막으로 해외직접투자가 신설투자의 형태로 이루어지면 새로운 기업설립의 결과로 시장 참여자의 수가 늘어나고, 이에 따라 소비자의 선택권도 증가한다. 시장 경쟁의 심화로 재화의 가격은 내려가고 소비자들의 경제적 후생은 향상된다. 또한, 경쟁에서 살아남기 위해서 공장, 설비 그리고 연구개발 등에 대한 자본 투자도 촉진되어 장기적으로 생산성 향상, 제품과 공정의 혁신, 그리고 경제성장으로 이어지게 된다.

2) 투자대상국의 비용

해외직접투자의 유입으로 투자대상국에서는 경쟁에 미치는 부작용, 국제수지에서의 부작용, 그리고 국가 주권과 자치권의 약화 등의 비용이 발생할 수 있다.

먼저, 외국의 다국적 기업이 국내 기업들보다 자본 규모나 경쟁력에서 강점을 가지는 경우, 외국기업이 국내 기업을 도산시키고 시장을 독점할 수 있다. 시장이 독점되면, 다국적 기업은 경쟁적 시장일 때보다 가격을 올릴 수 있어 투자대상국의 경제적 후생에 악영향을 미친다. 특히, 대기업이 별로 없는 국가에서는 이러한 우려가 더욱 커진다. 또한, 해외직접투자의 형태도 시장 경쟁에 영향을 미친다. 기존기업을 인수하는 형태로 해외직접투자가 이루어지면 시장의 경쟁 상황은 이전과 동일하지만 외국 투자자가 두 개 혹은 그 이상의 기업을 인수하고 이들을 합병한다면, 이는 시장의 경쟁 수준을 낮추고 독점을 강화하는 효과가 나타난다.

다음으로, 해외직접투자는 자본유출이나 부품수입 등으로 국제수지에 부정적인 영향을 미칠 수 있다. 해외직접투자 초기에 유입되었던 자본은 배당금 송금 등의 형태로 모회사로 유출되어 국제수지를 오히려 악화시킬 수 있다. 또한, 투자대상국의 자회사가 해외에서 많은 재료 및 부품을 수입하게 되면 투자대상국의 국제수지 경상계정의 적자를 증가시키게 된다. 이에 대응하기 위해서 많은 국가들이 외국 자회사 이익의 투자국으로의 송금을 제한하거나, 현지의 부품을 의무적으로 일정 비율 이상 사용하도록 규정하고 있다.

또한, 해외직접투자로 인해 투자대상국 정부의 경제적 주권 약화도 우려되는 결과이다. 투자대상국의 경제에 영향을 미칠 수 있는 중요한 결정이 외국의 기업의 영향을 받고, 투자대상국의 정부가 기업을 통제할 수 없는 경우에 이러한 우려가 발생하게 된다.

3) 투자국의 이익

해외직접투자를 통해 투자국(source)이 얻을 수 있는 이익은 크게 세 가지이다. 첫 번째, 외국에서 얻은 수입의 유입으로 투자국의 국제수지에 도움을 준다. 또한, 외국의 자회사가 자본, 장비, 중간재 등을 수입하면서 투자국은 국제수지의 이득을 얻을 수 있다.

두 번째로, 타국으로의 해외직접투자는 투자국의 수출에 대한 수요를 창출하여 고용효과가 발생한다. 외국의 자회사가 필요한 부품을 수입하는 과정에서 투자국의 생산 및 노동수요가 증가하는 것이다.

마지막으로, 투자국의 다국적 기업이 외국시장에서 배운 기술을 투자국에 이전하는 경우도 있다. 외국시장에서의 경험을 통하여, 다국적 기업은 경영기술과 생산 그리고 공정 기술을 배울 수 있으며, 이러한 자원들은 투자국으로 이전되어 경제성장에 기여한다. 또한, 해외직접투자가 투자대상국 기업 인수의 형태로 이루어지는 경우, 해당 기업이 보유한 기술을 습득하여 이전할 수도 있다.

4) 투자국의 비용

해외직접투자에 따른 투자국의 비용은 국제수지의 자본유출과 고용의 감소로 나타난다. 국제수지는 우선 해외직접투자 초기에 투자금의 형태로 자본이 유출되면서 부정적인 영향을 받는다. 그리고 낮은 생산 비용을 활용하여 해외에서 생산한 제품을 자국에 판매하는 경우에 수입 증가로 경상계정을 악화시키며, 기존의 직접수출을 투자대상국에서 생산한 제품이 대체할 경우에도 경상계정은 악영향을 받는다.

그리고 해외직접투자가 국내 생산을 대체하는 경우, 투자국의 고용은 감소하게 된다. 만약 투자국의 실업 수준이 높은 상황이라면 해외직접투자에 따른 일자리의 수출에 대한 우려는 더욱 증대되게 된다.

5) 투자대상국의 정책

투자대상국은 해외직접투자를 유치하는 것을 장려하거나 규제하는 정책을 선택할 수 있다. 해외직접투자를 장려하기 위해 정부는 주로 인센티브를 제공하고 있다. 인센티브는 일반적으로 세금 특혜, 저금리 대출 그리고 장려금 또는 보조금의 형태로 제공된다. 이러한 혜택들은 해외직접투자에 따른 자원 이전과 고용효과를 통한 이익을 목표로 제공되며, 다른 국가와 해외직접투자 유치를 경쟁하는 경우 더 많은 혜택을 경쟁적으로 약속하기도 한다.

반대로 투자대상국은 해외직접투자를 소유권 제한 및 이행요구의 방법으로 통제하기도 한다. 소유권 억제는 특정 산업 분야에 대한 외국기업의 진입을 차단하거나, 외국의 소유권 비중을 제한하는 형태로 나타난다. 국방, 통신, 교통 등 국가안보에 중요하다고 생각하는 산업에 대한 진출 제한이 그 대표적인 예가 될 것이다. 그리고 이행요구는 다국적기업의 현지 자회사의 활동에 대한 통제를 의미하는데, 가장 일반적인 이행요구는 자국에서 생산된 부품을 일정 수준 이상 사용하는 부품 현지화율의 규정, 일정 비율 이상의 수출 의무, 선진 기술의 이전 그리고 경영진에 투자대상국 출신이 참여하는 것과 같은 형태로 나타난다.

이러한 규칙들은 투자대상국이 해외직접투자에 따른 이익을 극대화시키고, 비용을 최소화하기 위해 취하는 정책들로 해외직접투자 기업과의 협상을 통해서 그 수준이 결정되게 된다. 이 때, 투자대상국의 시장 규모 및 입지적인 장점, 투자기업의 규모, 평판, 기술수준 등이 영향을 미치게 된다.

 1장 미주

1   Zaheer, S. (1995). Overcoming the liability of foreignness. *Academy of Management journal*, 38(2), 341−363.

2   Hymer, S. H. (1960). The international operations of national firms, a study of direct foreign investment (Doctoral dissertation, Massachusetts Institute of Technology).

3   Hennart, J. F. (2001). Theories of the multinational enterprise. *The Oxford handbook of international business*, 127−149.

4   Dunning, J. H. (2001). The eclectic (OLI) paradigm of international production: past, present and future. *International journal of the economics of business*, 8(2), 173−190.

5   Knickerbocker, F. T. (1973). *Oligopolistic reaction and multinational enterprise*. The International Executive, 15(2), 7−9.

외국인직접투자
가이드

01 외국인직접투자의 개념

1) 외국인직접투자(FDI: Foreign Direct Investment)의 유형

외국인투자촉진법 제2조 제1항 제4호, 시행령 제2조 제2항 및 제3항

(1) 국내 기업의 주식 또는 지분 취득

① 외국인이 대한민국 법인(설립 중인 법인 포함) 또는 대한민국 국민이 경영하는 기업의 경영활동에 참여하는 등 그 법인 또는 기업과 지속적인 경제관계를 수립할 목적으로 그 법인이나 기업의 주식 또는 지분을 다음 어느하나의 방법으로 소유하는 것

• 새로 발행하는 주식 등을 취득하는 것
• 이미 발행한 주식 또는 지분(기존주식 등)을 취득하는 것

② 요건
• 투자금액: 1명당 1억원 이상(취득금액 기준)이면서 동시에,
• 투자비율: 1명당 의결권 있는 주식총수 또는 출자총액의 10% 이상

※ 예외
• 투자금액이 1억원 이상이고 외국인투자비율 10% 미만인 경우 중 외국인이 그 국내기업에 임원을 파견하거나 선임하는 것
• 임원은 이사, 대표이사, 업무집행 무한책임사원, 감사나 이에 준하는 자로 경영상 중요 의사결정에 참여할 수 있는 권한을 가진 자

---

(2) 5년 이상의 장기차관 대부(최초의 대부계약시에 정해진 대부기간 기준)

- 외국인투자기업의 해외모기업(법인 외국투자가)
- 외국인투자기업의 해외모기업(법인 외국투자가)과 자본출자관계가 있는 기업
- 외국투자가(개인)
- 외국투자가(개인)와 자본출자관계가 있는 기업

> ※ 자본출자관계가 있는 기업(시행령 제2조 제4항~제5항)
> - 해외모기업의 발행주식총수 또는 출자총액의 50% 이상을 소유하고 있는 기업
> - 해외모기업이 외국인투자기업의 발행주식총수 또는 출자총액의 50% 이상을 소유하고 있는 경우로서 다음 어느 하나에 해당하는 기업
>   - 해외모기업의 발행주식총수 또는 출자총액의 10% 이상을 소유하고 있는 기업
>   - 해외모기업 또는 해외모기업의 발행주식총수 또는 출자총액의 50% 이상을 소유한 기업이 발행주식총수 또는 출자총액의 50% 이상을 소유하고 있는 기업
> - 외국인투자기업의 발행주식총수 또는 출자총액의 50% 이상을 소유하고 있는 외국투자가(개인)가 발행주식총수 또는 출자총액의 50% 이상을 소유하고 있는 기업

(3) 비영리법인에 대한 출연

비영립법인에 대한 출연으로서 외국인의 출연금액이 5천만원 이상이고 전체 출연금액의 10% 이상으로서 과학기술 분야에서 독립된 연구시설을 갖춘 경우 등 법령에 정한 경우에 해당하면 외국인투자로 인정

(4) 미처분 이익잉여금 재투자

외국인투자기업이 미처분이익 잉여금을 다음의 용도로 사용하는 경우
- 공장시설(한국표준산업분류상 제조업 외의 업종을 경영하는 경우에는 사업장)이나 연구시설의 신설 또는 증설
- 해당 기업의 사업 수행에 필요한 자본재 또는 연구기자재의 구입

> ※ 외국인(법 제2조 제1항 제1호, 제2항)
> - 외국의 국적을 가지고 있는 개인
> - 외국의 법률에 의하여 설립된 법인(외국법인)
> - 대통령령이 정하는 국제경제협력기구(IBRD, IFC, ADB 등)
> - 대한민국 국적을 가지고 외국에 영주하고 있는 개인 중 대통령령으로서 정하는 사

람(시행령 제3조)

- 거주지국의 영주권을 취득한 사람
- 영주권 제도가 없는 국가에서 4년 이상 체류허가를 받은 사람
- 4년 미만 체류허가만을 부여하는 영주권제도가 없는 국가에서 4년 이상 현지에 거주하고 있고 1년 이상의 체류허가를 받은 자

2) 외국인직접투자와 해외직접투자 비교

구분	외국인직접투자	해외직접투자
근거법	외국인투자촉진법	외국환거래법
주무부처	산업통상자원부	기획재정부
업무총괄	KOTRA	수출입은행
신고수리	KOTRA/외국환은행 등	외국환은행 / 금융위원회 · 금융감독원(금융기관)

※ KOTRA 외국인투자 유치 지원: 외국인투자가 지원 및 상담, 전용 사이트(InvestKorea) 운영

3) 외국인직접투자 대상업종(2021. 12월말 기준)

(1) 개요

한국표준산업분류(통계청 고시)에 의한 총 1,196개 업종 중 공공행정, 외무, 국방 등 투자의 대상이 아닌 61개 업종을 제외한 1,135개

(2) 개방업종: 1,132개(자유화 비율 99.7%)

(3) 제한업종: 30개

• 부분 개방 업종: 27개(허용기준 충족시 외국인투자 가능)
• 미개방 업종: 3개(원자력발전업, 라디오방송업, 지상파방송업)
※ 법 제4조 및 시행령 제5조 제1항 제1호에 따라 국가안전 및 공공질서 유지 등을 목적으로 주무부장
  관과 협의하여 고시하는 사항

(4) 제외업종: 61개(공공적 성격으로 기업의 투자대상이 아닌 분야는 원칙적으로 제외)

※ 외국인직접투자 제외업종, 제한업종 및 허용기준 세부내용
　외국인투자에 관한 규정(산업통상자원부 고시) 별표 1(제외업종) 및 별표 2(제한업종) 참고

4) 주요 출자목적물(법 제2조 제1항 제8호)

- 『외국환거래법』에 따른 대외지급수단 또는 이의 교환으로 생기는 내국지급수단
- 자본재: 산업시설(선박, 차량, 항공기 등을 포함)로서의 기계, 기자재, 시설품, 기구, 부분품 등
- 『외국인투자촉진법』에 따라 취득한 주식 등으로부터 생긴 과실(배당금, 이익분배금)
- 산업재산권, 지식재산권 등
- 국내에 있는 지점, 사무소 또는 내국법인의 청산에 따라 해당 외국인에게 분배되는 남은 재산
- 『외국인투자촉진법』에 의한 차관이나 그 밖에 해외로부터의 차입금 상환액
- 외국의 증권시장에 상장된 외국법인의 주식
- 『외국인투자촉진법』이나 『외국환거래법』에 따라 외국인이 소유하고 있는 주식
- 외국인이 소유하고 있는 국내 부동산, 국내 기업의 주식 또는 부동산 처분대금

5) 외국인직접투자 신고 접수기관(수탁기관)(시행령 제40조 제2항)

- 대한무역투자진흥공사의 장(KOTRA 본사, 지정 무역관/지사/사무소)
- 외국환은행의 장

02   외국인직접투자의 절차

1) 유형별 외국인투자절차 흐름도

〈그림 2.1〉 **외국인투자절차 흐름도**

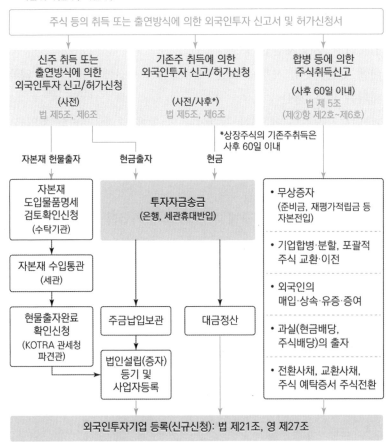

• 지분취득(신주, 기존주)

주식 등의 취득 또는 출연방식에 의한 외국인투자 신고서 및 허가신청서

- 신주 취득 또는 출연방식에 의한 외국인투자 신고/허가신청 (사전) 법 제5조, 제6조
- 기존주 취득에 의한 외국인투자 신고/허가신청 (사전/사후*) 법 제5조, 제6조
- 합병 등에 의한 주식취득신고 (사후 60일 이내) 법 제5조 (제②항 제2호~제6호)

*상장주식의 기존주취득은 사후 60일 이내

자본재 현물출자 / 현금출자 / 현금

- 자본재 도입물품명세 검토확인신청 (수탁기관)
- 투자자금송금 (은행, 세관휴대반입)
- 무상증자 (준비금, 재평가적립금 등 자본전입)
- 기업합병·분할, 포괄적 주식 교환·이전
- 외국인의 매입·상속·유증·증여
- 과실(현금배당, 주식배당)의 출자
- 전환사채, 교환사채, 주식 예탁증서 주식전환

- 자본재 수입통관 (세관)

- 현물출자완료 확인신청 (KOTRA 관세청 파견관)
- 주금납입보관
- 대금정산

- 법인설립(증자) 등기 및 사업자등록

외국인투자기업 등록(신규신청): 법 제21조, 영 제27조

- 장기차관

외국인투자기업 등록	▶	장기차관 계약체결	▶	장기차관 방식의 외국인투자 신고	▶	대여금 송금

출처: InvestKorea

2) 유형별 외국인투자신고 절차

(1) 신규 설립 방식 절차

① 외국인투자신고(KOTRA/외국환은행)

• 사전신고 대상
• 필요 서류
  - 주식 등의 취득 또는 출연방식에 의한 외국인투자 신고 및 허가신청서 2부
  - 외국투자가의 국적증명서(개인: 여권, 법인: 사업자등록증, 기업증명서 등 해당국가 실체증명 서류)
  - 현금출자가 아닌 경우 출자목적물에 대한 증빙서류(예 산업재산권 등의 가격평가증명서류)
  - 신고 대리시: 위임장 및 대리인 신분증
• 처리기간은 즉시

② 투자자금 송금(외국환은행/세관휴대반입)

• 외국투자가는 투자자금을 국내 외국환은행의 임시계좌에 전신환으로 송금하거나, 외화를 직접 휴대반입 할 수 있으며, 휴대반입의 경우 소지한 외화를 세관에 신고하고 '외국환신고필증'을 교부 받음
• 송금된 투자자금은 주금납입 절차를 거친 다음 법원에 주금납입보관증명서를 제출하는 것이 원칙이나 10억원 미만 회사의 경우 투자가 명의의 통장 개설 후 잔액증명서를 발급받아 법원에 제출 가능. 이 경우 그 다음 날부터 사업용도로 자유롭게 자금 인출 가능
• 처리기간은 2~3일

③ 법인설립등기(법원등기소)

• 법인설립 등기의 접수기관은 법원 등기과
• 필요 서류는 대법원인터넷등기소의 신청서 양식 및 제출서류 목록에서 확인 가능
• 처리기간은 2~3일

④ 인허가 취득(필요시 관련기관)

• 영위하고자 하는 사업에 필요한 경우 관련기관의 인허가를 취득하여야 함
• 관련 인허가 처리기관은 구청, 보건소, 식품의약품안전처 등임
• 처리기간은 인허가 종류 및 유형에 따라 다름

⑤ 법인설립신고 및 사업자등록(세무서)

• 전국 모든 세무서에서 관할지역에 상관없이 법인설립신고 및 사업자등록 가능
• 처리기간은 3일

⑥ 법인통장 개설(외국환은행)

• 외국환은행에 법인통장 개설. 한번 계좌를 개설하면 다른 은행에 20영업일 동안 계좌개설이 제한되므로 은행 선택에 신중을 기해야 함
• 처리기간은 즉시

⑦ 외국인투자기업 등록(최초 신고기관)

• 외국인투자의 마지막 단계로서 법인 설립 완료 후 외국인투자기업 등록을 하여야 하며, 최초 신고한 기관에 등록 신청(출자목적물의 납입을 마친 후 60일 이내 외국인투자기업 등록을 완료해야 함)
• 필요 서류
  – 외국인투자기업등록신청서 1부
  – 등기사항전부증명서, 외국환매입증명서, 주주명부, 사업자등록증 사본 등
  – 등록 대리시: 위임장 및 대리인 신분증
• 처리기간은 즉시

(2) 증자 방식 절차

① 외국인투자신고(KOTRA/외국환은행)
• 사전신고 대상
• 필요 서류
  - 주식 등의 취득 또는 출연방식에 의한 외국인투자 신고 및 허가신청서 2부
  - 외국투자가의 국적증명서(개인: 여권, 법인: 사업자등록증, 기업증명서 등 해당국가 실체증명 서류)
  - 현금출자가 아닌 경우 출자목적물에 대한 증빙서류(예 산업재산권 등의 가격평가증명서류, 현물출자완료확인서)
  - 신고 대리시: 위임장 및 대리인 신분증
• 처리기간은 즉시

② 투자자금 송금(외국환은행/세관휴대반입)
• 신규 설립 방식과 동일함

③ 법인 증자 등기(법원등기소)
• 증자 등기의 접수기관은 법원 등기과
• 필요 서류는 대법원인터넷등기소의 신청서 양식 및 제출서류 목록에서 확인 가능
• 처리기간은 2~3일

④ 외국인투자기업 등록 또는 변경 등록(최초신고기관)
• 최초 신고한 기관에 외국인투자기업 등록 또는 변경 등록을 하여야 함
• 처리기간은 즉시

(3) 기존주 취득 방식 절차

① 주식 매매계약 체결
• 외국투자가와 기존 국내 주주간 주식 양수도 계약 체결

② 외국인투자 신고(KOTRA/외국환은행)
• 사전신고 대상

- 필요 서류
  - 주식 등의 취득 또는 출연방식에 의한 외국인투자 신고 및 허가신청서 2부
  - 외국투자가의 국적증명서(개인: 여권, 법인: 사업자등록증, 기업증명서 등 해당국가 실체증명 서류)
  - 현금출자가 아닌 경우 출자목적물에 대한 증빙서류(예 외국의 증권시장에 상장된 외국법인의 주식 등), 주식 취득 관련 증빙서류(예 주식매매계약서)
  - 신고 대리시: 위임장 및 대리인 신분증
- 처리기간은 즉시

③ 투자자금 송금
- 국내 은행을 통하여 주식매매 대금 지급

④ 외국인투자기업 등록 또는 변경 등록(최초신고기관)
- 최초 신고한 기관에 외국인투자기업 등록 또는 변경 등록을 하여야 함
- 필요 서류
  - 외국인투자기업등록신청서 1부
  - 등기사항전부증명서, 외국환매입증명서, 관련계약서, 주주명부, 사업자등록증 사본 등
  - 등록 대리시: 위임장 및 대리인 신분증
- 처리기간은 즉시

※ 이미 설립되어 있는 국내 법인의 유상증자로 인한 신주 취득시에는 증자 등기가 필요하나, 기존 주식 취득시에는 증자 등기가 필요하지 않음

(4) 장기차관 방식 절차

① 장기차관 계약 체결
- 차관제공자(외국투자가 또는 외국투자가와 출자관계 있는 외국기업)와 외국인투자기업 간에 장기차관 계약을 체결

② 외국인투자 신고(KOTRA/외국환은행)
- 사전신고 대상

- 필요 서류
  - 장기차관 방식의 외국인투자신고서 2부
  - 차관제공자의 국적증명서
  - 해외모기업 또는 모기업과 자본출자관계임을 증명하는 서류
  - 차관계약서
  - 신고 대리시: 위임장 및 대리인 신분증
- 처리기간은 즉시

③ 대여금 송금

차관제공자는 외국인투자기업의 법인계좌로 대여금을 송금

④ 입금

외국인투자신고서에 따라 차관제공자로부터 차입금을 외국인투자기업 계좌
에 입금 받음

※ 장기차관은 외국투자가의 지분출자가 선행된 이후 제공 가능

(5) 미처분 이익잉여금 재투자 방식 절차

① 투자계획서 작성

외국인투자기업(신고인)은 미처분이익잉여금 사용 투자계획을 수립

※ 투자계획서를 근거로 작성된 신고서와 함께 KOTRA에 사전검토를 받음

② 외국인투자 신고(KOTRA)

- 사전신고 대상
- 필요 서류
  - 미처분이익잉여금 사용방식에 의한 외국인투자신고서 및 변경신고서 2부
  - 미처분이익잉여금 사용투자계획서
  - 재무제표에 대한 감사보고서(외부감사보고서)
  - 최근 결산기 이익잉여금처분계산서
  - 외국인투자등록증 사본

③ 투자 실행

외국인투자기업은 계획대로 투자를 실행

※ 미처분이익잉여금 투자인정액 = 미처분이익잉여금 사용 투자예정액 × 외국인투자비율

[사전신고와 사후신고]

외국인투자자 신고는 신고항목에 따라 주식취득 전에 미리 신고하는 사전신고와 주식취득 후 또는 계약체결 후에 신고하는 사후신고로 나뉨

구분	신고항목	비고
사전 신고	• 주식 등의 취득 또는 출연방식에 의한 외국인투자 신고 및 허가신청 • 주식 등의 취득 또는 출연방식에 의한 외국인투자 신고 및 허가신청 내용 변경신고	신주, 기존주 취득 또는 출연(단, 방위산업체인 경우 주식(신주 또는 기존주) 취득 시 산업통상자원부 허가 신청)
	장기차관 방식의 외국인투자 신고 및 내용변경신고	–
	미처분이익잉여금 사용방식의 외국인투자 신고 및 내용변경신고서	외국인투자기업이 KOTRA 종합행정지원센터에 신고
사후 신고	주식 등의 취득 또는 출연방식에 의한 외국인투자 신고 및 허가신청	상장법인의 기존주식을 취득하는 경우 취득 후 60일 이내
	주식 등의 취득 또는 출연방식에 의한 외국인투자 신고 및 허가신청 • 외국인투자기업의 합병 등에 의한 주식취득 • 외국인투자기업의 준비금, 재평가적립금 등의 무상증자로 취득 • 합병, 기업분할, 포괄적 주식교환·이전 등으로 취득 • 취득한 주식으로부터 생기는 과실(배당)의 출자 • 매입·상속·유증·증여로 취득 • 전환사채(CB)·교환사채(EB)·주식예탁증서(DR) 전환, 교환, 인수 취득	취득일로부터 60일 이내
	외국인투자기업 등록 신청(신규등록 및 변경등록)	사유발생일로부터 60일 이내

출처: InvestKorea

[사업운영 중 변경사유 발생시 수행해야 하는 절차]

사업운영 중 변경사항이 발생한 경우 아래와 같이 내용을 변경신고, 등기, 등록 해야 함

변경사유	등기사항 전부증명서	사업자등록증	외국인투자기업 등록증
상호	○	○	○
주소	○	○	○
자본금 또는 투자금액	○	-	○
지분율	○	-	○
목적사업	○	○	○
임원	○	○ (대표자의 경우에 한함)	
대표이사 주소	○	-	

※ 등기사항전부증명서에 변동이 생긴 경우 변경사유가 발생한 날로부터 14일 이내에 변경등기를 해야 하며, 그렇지 않은 경우 과태료 발생

[외국인투자기업 등록 관련 변경사항]

① 외국인투자기업의 변경 등록

외국투자가(대리인) 또는 외국인투자기업은 법정 사유가 발생하면 해당 사유 발생일로부터 60일 이내에 수탁기관에 외국인투자기업 변경등록을 하여야 함.

단, 투자신고가 필요한 경우 투자신고 후 변경등록 함

> ※ 변경등록 사유 예시
> - 합병 등에 의한 주식을 취득한 때(합병, 무상증자 등으로 주식취득시)
> - 외국투자가의 주식양도, 자본감소로 보유지분 또는 투자비율 변경시
> - 내국인의 증자로 인한 외국투자가의 보유지분 또는 투자비율 변경시
> - 외국투자가 또는 외국투자기업의 상호 또는 명칭, 국적이 변경된 경우
> - 기타 외국인투자금액, 투자비율, 외국인투자기업주소 등 등록내용이 변경될 때

※ 외국인투자기업의 변경시 필요서류
  • 외국인투자기업등록신청서 1부
  • 외국인투자기업등록증 원본, 외국인투자기업의 법인등기부등본(말소사항 포함)
  • 신고 대리시: 위임장 및 대리인 신분증
  • 필요시 추가 첨부 서류
    – 출자목적물에 대한 증빙서류
    – 현물출자완료확인서 사본(자본재 현물출자시)
    – 외국환매입증명서 또는 외화예치증명서 사본
    – 주주명부(법인인감날인, 원본대조필) 또는 주식양수도대금 증빙서류
    – 상법상 검사인의 조사보고서 또는 감정인의 감정평가서 사본(주식 또는 국내부동
      산 출자시)
    – 기타 주식취득 관련 증빙서류 등 변경된 내용을 증명하는 서류

② 외국인투자기업 등록 말소

외국인투자기업이 폐업 신고를 하거나 외국투자가가 자기소유 주식 등의 전부를 대한민국 국민(또는 법인이나 기업)에게 양도한 경우 또는 당해 외국인투자기업의 자본감소로 자기소유 주식 등의 전부가 없어지게 된 때, 출자목적물의 납입을 가장하여 외국인투자기업 등록을 한 경우에는 외국인투자기업 등록을 말소해야 함

03 외국인직접투자의 보호

1) 대외송금의 보장(법 제3조 제1항)

- 취득한 주식으로부터 생기는 과실(이익배당금), 주식 등의 매각대금 등
- 장기차관계약에 의하여 지급되는 원리금 및 수수료

2) 외국환거래의 정지(Safeguard) 조항 적용 배제(외국환거래법 제6조 제4항)

기획재정부장관은 천재지변, 전시, 사변, 국내외 경제사정의 중대하고도 급격한 변동, 그 밖에 이에 준하는 사태가 발생하여 부득이하다고 인정되는 경우에는 외국환거래를 일시 정지하거나 제한할 수 있는데, 외국인투자촉진법에서 정하는 외국인투자에 대하여는 외국환거래법의 동 조항의 적용이 배제됨

3) 내국민 대우(법 제3조 제2항)

외국투자가와 외국인투자기업은 법률에 특별한 규정이 있는 경우 이외에는 그 영업에 관하여 대한민국국민 또는 대한민국법인과 같은 대우를 받음

4) 외국인투자의 자유화(법 제4조)

- 법률에 특별한 규정이 없는 한, 외국인투자에 원칙적으로 제한이 없음
- 단, 국가안전과 공공질서 유지에 지장을 주는 경우 등에 해당할 경우 제한 할 수 있으며, 제한되는 업종과 제한 내용은 대통령령으로 정함

5) 조세감면 규정 등의 차별 적용 배제

대한민국 국민(법인)에게 적용되는 조세에 관한 법률 중 감면에 관한 규정은 법률에 특별한 규정이 있는 경우를 제외하고는 외국투자가, 외국인투자기업에 대하여 동일하게 적용됨

04 유사 개념과 비교

1) 외국인투자기업(현지법인, 국내기업) VS 외국기업국내지사(외국기업)

구분	외국인투자기업 (국내기업/현지법인)	외국기업국내지사 (외국기업)
적용법률	외국인투자촉진법	외국환거래법
정부 소관부처	산업통상자원부	기획재정부
법인성격	내국법인 : 외국인투자기업 (=외투기업)	외국법인: 외국기업 국내지점 또는 사무소
동일체 여부	외국투자가와 외투기업은 별도 인격체(회계/결산 독립적)	외국기업 본점과 국내지점은 동일 인격체(회계/결산 동일체)
책임 범위 (채무/불법행위 승계)	• 유한 책임(투자금액 한도) • 현지법인에만 귀속	• 무한 책임 • 본사까지 확대
신고 접수기관 또는 허가 기관	• KOTRA • 외국환은행 　* 산업통상자원부(방위산업체)	외국환은행 * 기획재정부(은행업 이외 금융업)
최소 투자금액	1인당 최소금액 1억원	금액 제한 없음 • 영업기금 송금 • 지정거래외국환은행제 운용
비자발급 형태	기업투자(D-8)	주재원(D-7)

2) 장기차관 VS 외화차입

구분	외국투자가의 장기차관(외화) 제공	거주자의 외화자금 차입
적용법규	• 외국인투자촉진법 제5조 • 동 시행규칙 제2조 제2항	• 외국환거래법 • 동 거래규정 7-14조
차입자	외국인투자기업	비거주자로부터 외화자금을 차입하는 거주자
신고의무자	대여자 • 외국투자가(해외모기업 또는 외국인 개인투자가) • 외국투자가와 인정된 출자관계에 있는 외국기업	차입자
신고서 양식	장기차관방식의 외국인투자신고서	금전의 대차계약신고서
필요 서류	• 차관계약서 사본 • 출자관계 증빙 서류 및 차관제공자의 국적증명서 등	• 외화자금차입계약서 또는 융자의향서 등
신고접수 기관	수탁기관 • KOTRA 및 외국환은행	법규에 정한 기준에 따라 지정거래외국환은행, 한국은행 및 기획재정부

05 관련 법령

1) 외국인투자촉진법

『외국인투자촉진법』은 외국인투자 관련 기본법으로서 역할을 하며, 하위 법령으로 『외국인투자촉진법』에서 위임된 사항과 그 시행에 관하여 필요한 사항을 규정한 『외국인투자촉진법 시행령』과 『외국인투자촉진법 시행규칙』을 두고 있음

- 외환위기 이후 정부는 외국인직접투자를 촉진하기 위해 1998년 외국인투자 유치 및 촉진을 위한 『외국인투자촉진법』을 제정하여 획기적인 개방과 자유화 조치를 단행
- 2014년에는 대규모기업집단을 대상으로 하는 『독점규제 및 공정거래에 관한 법률』의 예외조치로서 일반지주회사의 손자회사가 외국인과 합작하여 증손회사 외국인투자기업을 설립할 경우에는 증손회사에 대한 지분제한(100% 지분 소유)의 예외를 허용하는 『외국인투자촉진법』 개정. 즉, 대규모기업집단의 일반지주회사의 손자회사가 외국인과 합작할 경우 증손회사의 주식 50% 이상을 소유하면서 외국인은 30% 이상을 소유하는 외국인투자 허용
- 또한 2016년에는 그동안 투자형태별로 복잡하게 규정되어 있던 외국인투자신고 제도를 단순하게 통합. 즉, 종전의 신주 또는 출연방식의 외국인투자신고서, 기존주취득에 의한 외국인투자신고서, 합병 등에 의한 주식지분 취득신고서를 주식등의 취득 또는 출연방식의 외국인투자신고서 하나로 통합하였고, 주식양도·감소 신고를 폐지하고 외국인투자기업등록·변경 등록 신청으로 통합하였으며, 외국인투자기업 등록말소신청도 폐지하고 말소사

유 발생사실을 확인한 경우 직권으로 등록말소 할 수 있도록 제도를 변경. 또한 기술도입계약신고와 자본재처분신고도 폐지

• 2020년에는 외국인투자기업이 미처분이익잉여금을 자본금 전입 없이 공장 신/증설 등에 재투자하는 경우도 외국인투자로 추가로 인정하여 외국인직접투자 인정범위를 확대함

2) 기타 관련 법령

• 외국인투자와 관련한 외국환 및 대외거래에 관한 사항에 대하여는 『외국인투자촉진법』에 특별한 규정이 없는 한 『외국환거래법』이 적용되며, 외국인투자에 대한 조세감면에 대하여는 『조세특례제한법』과 그 시행령 및 시행규칙 그리고 외국인투자 등에 대한 조세감면 규정이 적용됨

• 또한 외국인투자기업도 국내법에 의하여 설립된 내국법인이므로 『외국인투자촉진법』에 따른 절차를 거쳤다 하더라도 각 개별법상 순수 내국 법인에게 적용되는 법률을 동일하게 적용 받음. 그러므로 각 개별법에 따른 인허가 사항이 있는 경우에는 그에 따른 인허가를 받아야만 당해 사업의 영위가 가능함

※ 외국인투자 관련 법령
• 기본 법령
  – 외국인투자촉진법 · 시행령 · 시행규칙
  – 외국인투자에 관한 규정(산업통상자원부 고시)
  – 외국인투자 통합공고(산업통상자원부 공고)
  – 조세특례제한법(제5장 외국인투자 등에 대한 조세특례) · 시행령 · 시행규칙
  – 외국인투자에 대한 조세감면규정(기획재정부 고시)
• 기타 법령
  – 외국환거래법: 외국인투자와 관련한 외국환 및 대외거래에 관한 사항
  – 자유무역지역의 지정 및 운영에 관한 법률
  – 경제자유구역의 지정 및 운영에 관한 특별법 등

---

06 주요 서식

1) 주식등의 취득 또는 출연 방식에 의한 외국인투자 [ ]신고서 [ ]허가신청서
2) 장기차관 방식의 외국인투자 [ ]신고서 [ ]변경신고서
3) 미처분이익잉여금 사용방식에 의한 외국인투자 [ ]신고서 [ ]변경신고서
4) 주식등의 취득 또는 출연 방식에 의한 외국인투자내용 변경 [ ]신고서
   [ ]허가신청서
5) 외국인투자기업등록신청서 [ ]신규등록 [ ]변경등록
6) 외국인투자기업 등록증명서

■ 외국인투자 촉진법 시행규칙 [별지 제1호서식] <개정 2020. 8. 5.>

주식등의 취득 또는 출연 방식에 의한 외국인투자 [ ]신고서 [ ]허가신청서

✧ 바탕색이 어두운 난은 신청인이 적지 않으며, [ ]에는 해당되는 곳에 √표를 합니다.　　　　　(제1쪽)

접수번호		접수일	처리일		처리기간	신고: 즉시 허가: 15일

외국 투자가	① 상호 또는 명칭(영문)			② 국적	
	③ 주소				(전화번호:　　　　)

외국인 투자기업 (주식 등 발행기업)	④ 상호 또는 명칭	(국문)		⑤ 사업자등록번호(본사)	
		(영문)			
	⑥ 주소	본사			(전화번호:　　　　)
		주공장(주사업장)소재지			(전화번호:　　　　)
		금번 투자지역(신주 취득 및 출연의 경우)			(전화번호:　　　　)
	⑦ 하려는(하고 있는) 사업				

신고 (신청) 내용	✧ 한국표준산업분류상 세세분류[신고(신청) 접수기관 기재란]				
	⑧ 자본금 (출연금)	취득(출연)전　　　　　　원		취득(출연)후　　　　　　원	
	⑨ 주식등양도인 (기존주식 취득시)	상호 또는 명칭(국문 또는 영문)			(전화번호:　　　　)
	⑩ 금번 외국인투자금액	취득총액:　　　　　원(USD　　상당)			
	⑪ 투자형태	[ ]법인([ ]신주, [ ]기존주) [ ]개인사업 [ ]비영리법인 출연	⑫ 투자목적	[ ]공장 설립·증설 [ ]사업장 설립·증설 [ ]인수합병(지분인수 등)	
	⑬ 출자목적물 (출연대상)	[ ]현금, [ ]자본재 [ ]주식, [ ]부동산, [ ]채권, [ ]산업재산권 등	현금	원(USD　　상당)	
			자본재	원(USD　　상당)	
			기타	원(USD　　상당)	
	⑭ 취득(할) 주식(지분)의 내용	종류	1주(좌)당 액면가액(B)	1주(좌)당 취득가액(C)	
		수량(A)	액면총액(A×B)	취득총액(A×C)	
	⑮ 취득사유(외국인투자 촉진법 제5조제2항제2호부터 제6호의 경우) [ ]전환사채, [ ]신주인수권, [ ]무상증자, [ ]배당, [ ]매입·상속·유증·증여, [ ]합병·주식의 포괄적 교환·이전 및 회사분할, [ ]기타(　　　　)				
	⑯ 취득 후 해당 외국투자가의 외국인투자금액 및 비율	취득총액:　　　　　원(USD　　상당)			%
		액면총액:　　　　　원			
	⑰ 금번 투자에 따른 예상 근로자 수	명			

「외국인투자 촉진법」 제5조제1항·제5조제2항 또는 제6조제1항 및 같은 법 시행규칙 제2조제1
항제1호가목에 따라 위와 같이 신고(신청)합니다.

　　　　　　　　　　　　　　　　　　　　　　　　　　　　　　　　년　　　월　　　일

　　　　　　　　　신고인 또는 신청인　　　　　　　　　　　　　　　(서명 또는 인)
　　　　　　　　　　(또는 대리인)　　　　　　　　　　　(전화번호:　　　　)

산업통상자원부장관(또는 수탁기관장) 귀하

신고(신청)인 귀하
신고(허가) 번호:
[ ] 위의 신고를 마쳤음을 확인합니다. [ ] 위의 신청을 허가합니다. (허가조건:　　　　)
　　　　　　　　　　　　　　　　　　　　　　　　　　　　　　　　년　　　월　　　일

산업통상자원부장관(또는 수탁기관장)　[직인]

210mm×297mm(백상지 80g/㎡)

■ 외국인투자 촉진법 시행규칙 [별지 제2호서식] <개정 2020. 8. 5.>

장기차관 방식의 외국인루자 [ ]신고서 [ ]변경신고서

✤ 바탕색이 어두운 난은 신청인이 적지 않으며, [ ]에는 해당되는 곳에 √표를 합니다.

접수번호		접수일		처리일		처리기간	즉시

차 관 도입자	상호 또는 명칭						
	주소				(전화번호:		)
차 관 제공자	상호 또는 명칭(영문)			국적			
	주소(영문)						
차관의 내 용	차관금액					원 (USD	상당)
	차관조건	상환방법	[ ]만기일시상환 [ ]분할상환	평균차관 기간			
		연 이자율		기타			
차관방법	현금		자본재		기타		
차관용도			금번 투자지역				
변경신고의 경우 변경 내용		이미 신고된 내용			변경 후 내용		

「외국인투자 촉진법」 제5조제1항 및 같은 법 시행규칙 제2조제1항제1호나목 또는 같은 항 제2
호나목에 따라 위와 같이 신고합니다.

년   월   일

신고인
(또는 대리인)   (전화번호:)   (서명 또는 인)

수탁기관장 귀하

신고인 귀하
신고번호:
위와 같이 신고를 마쳤음을 확인합니다.

년   월   일

수탁기관장   [직인]

첨부서류	<신고인 경우> 1. 해외모기업 또는 그 모기업과 자본출자관계가 있는 기업임을 증명하는 서류 사본 1부 2. 외국투자가 또는 그 외국투자가와 자본출자관계가 있는 기업임을 증명하는 서류 사본 1부 3. 차관계약서 사본 1부 4. 차관제공자의 국적을 증명하는 서류 1부 (외국인투자의 신고를 한 해외모기업이 차관을 제공하는 경 우는 제외합니다.) <변경신고인 경우> 1. 해외모기업 또는 그 모기업과 자본출자관계가 있는 기업임을 증명하는 서류 사본 1부 (차관제공자 가 변경되는 경우에만 제출합니다) 2. 외국투자가 또는 그 외국투자가와 자본출자관계가 있는 기업임을 증명하는 서류 사본 1부 3. 변경계약서 사본 1부 4. 차관제공자의 국적을 증명하는 서류 1부 (차관제공자의 국적이 변경된 경우에만 제출합니다)	수수료 없음

유의사항

이 신고증명서는 외국인투자자금의 도착을 확인하는 것은 아니며, 다른 법령에 따라 인·허가 또는 신고 등이 필요한 경우에는
해당 법령의 규정을 충족해야 합니다.

처리절차

신고서 작성	→	접 수	→	검토·확인	→	신고증명서 발 급	→	수 령
신고인		수탁기관장		수탁기관장		수탁기관장		신고인

210mm×297mm(백상지 80g/㎡)

■ 외국인투자 촉진법 시행규칙 [별지 제2호의2서식] <신설 2020. 8. 5.>

미처분이익잉여금 사용방식에 의한 외국인투자 [ ]신고서 [ ]변경신고서

❖ 바탕색이 어두운 난은 신청인이 적지 않으며, [ ]에는 해당되는 곳에 √표를 합니다. (제1쪽)

접수번호	접수일	처리일	처리기간

외국인 투자기업 (주식 등 발행기업)	① 상호 또는 명칭	(국문)	② 사업자등록번호(본사)	
		(영문)		
	③ 주소	본사		(전화번호:)
		금번 투자지역		
	④ 자본금			원

신고 내용	⑤ 미처분이익잉여금 투자 인정액			

	미처분이익잉여금 투자 인정액 (A x B)		차기이월 미처분이익잉여금		외국인투자 비율 (B)
			투자 예정액 (A)	재무제표상 금액 (A')	
	(USD	원 상당)	원	원	%

⑥ 하려는(하고 있는) 사업

❖ 한국표준산업분류상 세세분류(신고 접수기관 기재란)

⑦ 사용용도   [ ]공장 또는 연구시설 신·증설   [ ]사업장 또는 연구시설 신·증설

변경신고의 경우 변 경내용	변경사항	⑧ 이미 신고된 내용	⑨ 변경후 내용

「외국인투자 촉진법」 제5조제1항 및 같은 법 시행규칙 제2조제1항제1호다목 또는 같은 항 제2호다목에 따라 위와 같이 신고합니다.

년   월   일

신고인   (서명 또는 인)
(또는 대리인)   (전화번호:)

대한무역투자진흥공사의 장 귀하

신고인 귀하
신고번호:
위와 같이 신고를 마쳤음을 확인합니다.

년   월   일

대한무역투자진흥공사의 장 | 직인 |

210mm×297mm[백상지 80g/㎡]

■ 외국인투자 촉진법 시행규칙 [별지 제3호서식] <개정 2020. 8. 5.>

주식등의 취득 또는 출연 방식에 의한 외국인투자내용 변경 [ ]신고서 [ ]허가신청서

❖ 바탕색이 어두운 난은 신청인이 적지 않으며, [ ]에는 해당되는 곳에 ✓표를 합니다. (제1쪽)

접수번호	접수일	처리일	처리기간	신고: 즉시 허가: 15일

이미 신고 (허가)된 외국인 투자내용	① 신고(허가)일				
	② 외국인투자기업 (주식 등 발행기업)	상호 또는 명칭			
		주소		(전화번호:)	
	③ 외국투자가	상호 또는 명칭		(전화번호:)	
		국적			
	④ 외국인투자금액 및 비율	취득총액:	원(USD 상당)		%
	⑤ 하려는(하고 있는 사업)				
변경내용	변경사항	⑥ 이미 신고(허가)된 내용		⑦ 변경 후 내용	

「외국인투자 촉진법」 제5조제3항 또는 제6조제1항 후단 및 같은 법 시행규칙 제2조제1항제2호가
목에 따라 위와 같이 신고(신청)합니다.

년 월 일

신고인 또는 신청인 (서명 또는 인)

(또는 대리인) (전화번호:)

산업통상자원부장관(또는 수탁기관장) 귀하

신고(신청)인 귀하

신고(허가) 번호:

[ ] 위의 신고를 마쳤음을 확인합니다. [ ] 위의 신청을 허가합니다.(허가조건:)

년 월 일

산업통상자원부장관(또는 수탁기관장) 직인

첨부서류	1. 「외국인투자 촉진법 시행령」 제2조제2항제2호에 해당하는 임원 파견 또는 선임 여부를 확인할 수 있는 서류 (총회, 이사회, 주주총회 등의 의사록 등을 의미합니다) 사본 1부 (「외국인투자 촉진법 시행령」 제2조제2항제2호에 해당하는 경우에만 제출합니다) 2. 「외국인투자 촉진법 시행령」 제2조제6항 각 호의 요건을 모두 갖추었음을 증명하는 서류 1부 (「외국인투자 촉진법」 제2조제1항제4호다목에 해당하는 경우에만 제출합니다) 3. 「외국인투자 촉진법 시행령」 제2조제8항 각 호의 어느 하나에 해당함을 증명하는 서류 1부 (「외국인투자 촉진법」 제2조제1항제4호마목에 해당하는 경우에만 제출합니다) 4. 기존 주식 등의 양수인이 2인 이상인 경우에는 양수인 간의 특수 관계 여부를 확인할 수 있는 서류 사본 1부 (양수인이 변경된 경우에만 제출합니다) 5. 외국인의 국적을 증명하는 서류 1부 (외국투자가의 국적이 변경된 경우에만 제출합니다)	수수료 없음

유의사항

이 신고증명서(허가증명서)는 외국인투자자금의 도착을 확인하는 것은 아니며, 다른 법령에 따라 인·허가 또는 신고 등이 필요한 경우에는 해당 법령의 규정을 충족해야 합니다.

처리절차

신고서 작성	→	접 수	→	검토·확인	→	신고증명서 발급	→	수령
신고인		수탁기관장		수탁기관장		수탁기관장		신고인

210mm×297mm(백상지 80g/㎡)

외국인투자기업등록신청서 [ ]신규등록 [ ]변경등록

❖ 바탕색이 어두운 난은 신청인이 적지 않으며, [ ]에는 해당되는 곳에 √표를 합니다.

(제1쪽)

접수번호	접수일	처리일	처리기간	1일

외국투자가	① 상호 또는 명칭(영문)			② 국적	
	SPC여부	[ ]예 [ ]아니오	SPC의 최종 지배모기업	상호	(국적:)

외국인 투자기업	③ 상호 또는 명칭	(국문)		④ 사업자등록번호(본사)
		(영문)		
		(•) SPC 여부 [ ] 에 [ ] 아니오		
	⑤ 주소	본사 (전화번호: ,FAX:)		
		주공장(주사업장) 소재지 (전화번호: ,FAX:)		
		홈페이지	대표 E-mail	
	⑥ 신고(허가)된 사업명			
	⑦ 자본금(출연금)			
	⑧ 외국인 투자금액 및 비율	취득총액: 원(•USD 상당)		
		액면총액:		%
	⑨ 상시 근로자 수	기존(변경등록) 명	등록 후 예상규모(신규 및 변경등록) 명	

외국인투자 기업 변경등록	⑩ 변경등록 내용(변경 등록의 경우)	[ ] 외국인투자비율 또는 외국인투자금액이 변경되는 경우 [ ] 외국투자가의 상호 또는 명칭 및 국적 등이 변경되는 경우 [ ] 외국인투자기업의 상호 또는 명칭, 주소, 경영하려는 사업 등이 변경되는 경우 [ ] 기 타 ❖ 변경내용			
	⑪ 주식등의 양도 및 감소 (해당할 경우)	양도 또는 감소인	상호 또는 명칭(영문)		국적
		양 수 인 (외국인의 경우)	상호 또는 명칭(영문)		국적
		양도 또는 감소할 주식(지분)	종류	1주(좌)당 액면가액(B)	1주(좌)당 양도 또는 감소가액(C)
			수량(A)	액면총액(A×B)	양도 또는 감소총액(A×C)
	⑫ 외국인투자기업 등록말소 사유(해당할 경우)	[ ] 외국인투자지분 전량 양도·감소, [ ] 피합병법인, [ ] 폐업·청산, [ ] 기타 ( )			

「외국인투자 촉진법」 제21조제1항·제2항, 같은 법 시행령 제27조 및 같은 법 시행규칙 제17조제1항·제2항에 따라 위와 같이 신청합니다.

년 월 일

신청인 (서명 또는 인)
(또는 대리인)

(전화번호 :)

수탁기관장 귀하

210mm×297mm(백상지 80g/㎡)

등록번호 제   호(년   월   일)
(REGISTRATION NO.)

외국인투자기업 등록증명서
(Certificate of Registration of a Foreign-Invested Enterprise)

1. 외국투자가(Foreign Investor)

　가. 상호 또는 명칭(Name) :

　나. 국 적(Nationality) :

2. 외국인투자기업(Foreign-Invested Enterprise)

　가. 상호 또는 명칭(Name) :

　나. 주 소(Address) :

　다. 신고(허가)된 사업(Type of Business Authorized) :

　라. 사업자등록번호(Business Registration No.) :

3. 외국인투자금액 및 비율(Amount and Percentage of Foreign Investment) :

　　　　　원(USD　　　　　상당),　　　　%

「외국인투자 촉진법」 제21조제1항 및 같은 법 시행규칙 제17조제3항에 따라 위와 같이 등록하였음을 증명합니다. (This is to certify that the subject enterprise has registered as stated above in accordance with the Regulations stipulated in Article 21, Paragraph 1 of the Foreign Investment Promotion Act.)

년   월   일

산업통상자원부장관(또는 수탁기관장) [직인]

✧ 유의사항: 이 등록증은 외국인투자자금의 도입 및 송금 등 외국인투자관련 업무만을 위하여 사용해야 하며, 다른 법령에 따라 주식 취득의 허가 또는 인가 등이 필요한 경우, 해당 법령의 허가 또는 인가의 요건을 충족해야 합니다. 외국인 투자기업의 비즈니스 관련 고충은 외국인투자옴부즈만(http://ombudsman.kotra.or.kr)을 통해 지원받을 수 있습니다.

[✧ Note: This certificate should only be used for foreign investment related purposes, such as the introduction and remittance of foreign investment funds. In the case that approval or authorization of the acquisition of shares is required in accordance with other Acts, the requirements of the Act should be met. For further support regarding any grievances faced while doing business in Korea, please contact the Foreign Investment Ombudsman (http://ombudsman.kotra.or.kr).]

210mm×297mm(백상지 120g/㎡)

외국인의
국내기업 M&A

SECTION

01   In-Bound M&A의 의의 및 최근 동향

1) In-Bound M&A의 의의

(1) M&A의 의의

- Mergers & Acquisitions
- 통상 '기업인수합병'으로 번역
- 합병, 주식인수, 자산양수도 혹은 영업양수도 등을 통해서 대상회사(Target Company)의 지배권을 취득하는 일련의 거래활동
- 종래 협의: 대상회사의 경영권을 장악할 수 있는 정도의 지배권(발행주식총수의 과반수)을 취득하는 거래, 즉 Buy Out Deal만을 의미
- 최근 광의: 지배권 취득에 이르지 않더라도 유의미한 정도의 영향력 행사가 가능한 지분(Influential Minority)을 취득하기 위한 거래행위
- cf. Greenfield Investment: 회사의 단독설립 혹은 합작설립을 통한 지배권 취득

(2) In-Bound M&A의 의의

- 외국기업이 국내기업을 인수하는 형태의 M&A
- cf. Out-Bound M&A: 국내기업이 외국기업을 인수하는 형태의 M&A
- cf. In-In M&A: 국내기업이 국내기업을 인수하는 형태의 M&A
- 종래 In-Bound M&A 및 In-In M&A가 국내 M&A 시장에서 주된 형태였으나, 최근 Out-Bound M&A 증가 추세

2) In-Bound M&A의 최근 동향

(1) 전반적인 동향(출처: Mergermarket, Invest Chosun)

〈그림 3.1〉 2013-2018 한국 M&A 동향

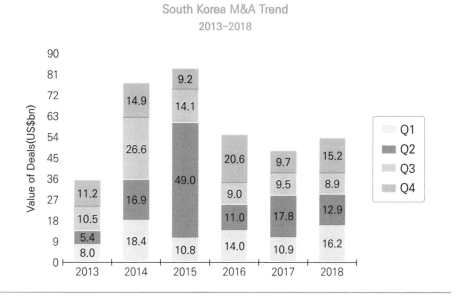

최근 3년간 In-Bound M&A 동향을 살펴보면,

- 2015년: 상반기에만 7조 9,104억원에 달할 정도로 사상 최대 규모. 조(兆) 단위를 웃도는 대규모 거래들이 많았음. 최대규모 거래는 사우디 아람코의 S-oil 지분 28.4% 인수(1조 9,829억원)

- 2016, 2017년: In-In, Out-Bound M&A와 마찬가지로 In-Bound M&A 도 2015년에 비해 감소

- 2018년: 2015년 뒤를 이어 역대 2번째 규모 달성. 거래 횟수 총 48건, 총 규모 약 11조 7,216억원. 최대규모 거래는 일본 소프트뱅크의 쿠팡 인수(지분 미공개, 거래규모 2조 3,692억원)

(2) PE(Private Equity) 등 FI(Financial Investor)의 시장주도

- 과거: M&A 시장 주요 Player는 SI(Strategic Investor)

- 대규모 M&A 시장은 SI가 주도
- FI는 SI와 컨소시엄을 이루어 참여 또는 SI에게 부족한 인수자금을 조달해주는 보조적 참여자로서의 역할에 그침
• 최근: M&A 시장의 주요 Player는 PE를 중심으로 하는 FI
- 대규모 M&A 시장도 FI가 주도
- 배경: (i) 자금조달능력(Fund Raising)의 상승, (ii) 단독 경영에 대한 자신감 증대, (iii) 인적 인프라의 성장 등
- **투자금 회수(Exit)의 중요성 증대**: 정해진 기간 내에 LP(Limited Partner)에게 투자금을 분배하여야 하는 특성상 존속기간이 정해져 있기 때문

02 외국인의 국내투자 강점

1) 기업친화적 투자환경 및 산업경쟁력

- 2018년 기업환경평가 세계 5위(2014년 이후 5년 연속 세계 5위 유지)
- 특히 제조업에서 강한 경쟁력(총 6개 부문 세계 1위 점유율 보유)

사업 부문	점유율	사업 부문	점유율
반도체(DRAM)	약 73.1%	디스플레이	약 44.5%
스마트폰	약 21.1%	철강	약 48.2%
리튬배터리	약 38.0%	화학	약 67.5%

- 국가적 차원에서 제조업 분야의 경쟁력과 기술력을 융합한 4차 산업혁명 산업 특히, 미래자동차, 에너지신산업, IoT(Internet of Things) 가전, 바이오·헬스, 반도체·디스플레이 산업 육성중

2) 세계적 혁신 인프라

- 2019년 Bloomberg GII(세계혁신지수) 세계 1위(6년 연속 세계 1위 유지) R&D 지출 집중도, 제조업 부가가치, 첨단기술 집중도 상위 랭킹
- 2017년 국제전기통신연합(ITU, International Telecommunication Union) ICT 발전지수(Measuring the Information Society Report) 세계 2위

3) 글로벌 네트워크 및 지리적 강점

- 세계 3대 경제체인 유럽연합, 미국, 중국과 동시에 FTA를 맺은 최초의 아시아 국가
- 현재 총 52개국과 체결 중인 FTA 네트워크는 세계에서 3번째로 큰 시장 형성
- 반경 2,000km 내 61개 도시 및 약 4억 9,800만명의 소비자로 구성된 시장 위치
- 부산항을 거치는 컨테이너선 정기 항로 중국 78개, 일본 84개, 동남아 148개, 북미 75개 등 전 세계에 걸쳐 총 536개에 달함

03   In-Bound M&A의 관계자

1) 거래 당사자: 인수자, 매각자, (인수)대상회사, 금융기관

(1) 인수자

① Strategic Investor(SI)

- 일명 '전략적 투자자'
- (i) 대상회사의 경쟁사, 매출처/고객, 매입처 등 사업상 관계 있는 자 또는 (ii) 대상회사의 사업에 새로이 진출하고자 하는 회사
- 주로 대상회사의 사업 자체에 관심을 갖고, 해당 인수를 통해 기존 사업과의 시너지를 기대하거나 새로운 사업기회 창출을 목적으로 함
- 주로 대상회사의 경영권을 취득하는 등 적극적으로 참여함
- 주로 기한의 정함이 없는 장기투자의 성격을 지님

② Financial Investor(FI)

- 일명 '재무적 투자자'
- (i) 금융기관, (ii) 사모펀드(Private Equity Fund, PEF), (iii) 헤지펀드 등 기관투자자
- 대상회사의 사업 자체보다는 그 사업의 수익성에 관심을 갖고, 일정 기간 후 되팔아서 차익을 남기는 것을 목적으로 함
- SI에 비하여 상대적으로 경영에 적극적으로 참가하지 않으며, 일부 참가하더라도 소수의 이사 지명권을 통한 감시/감독 및 정보 접근 정도에 머무름
- 일정 기간을 정하여 그 기간 내에 대상회사로부터 고정 이자수익과 함께 원금을 회수하거나, 대상회사의 상장(IPO), SI인 대주주 등에 대한 Put Option 행사, 다른 SI에 대한 매도 등을 통해 투자금을 회수(Exit)하여 일정한 이자

수익/투자수익을 거두는 것을 목적으로 함

③ Sovereign Wealth Fund(SWF): 국부펀드

④ State Owned Enterprises: 국영기업

(2) 매각자

① Strategic Investor(SI)

- 주로 인수자에 해당하나 간혹 매각하는 경우도 존재
- 채권단 등의 압박으로 인하여 부득이하게 매각하는 경우

② IT/BT Venture 기업가

- IT 기업들의 주된 Cashing 방안

③ 중소기업 창업자/후손

④ 사모펀드(PEF)

⑤ 정부(예금보험공사, 공적자금관리위원회)/채권단

(3) (인수)대상회사

일명 'Target'

(4) 금융기관

M&A 거래 시 필요한 금융 제공

2) 거래 자문사: 투자은행, 회계법인, 법무법인, 기타 자문사

(1) 투자은행(Investment Bank, IB)

- 재무 자문사(financial advisor)로서, 일명 '주간사'
- 인수가격 및 거래구조 제안, 관련 서류 및 자료 작성, 협상 전략 제공 등

(2) 회계법인(Accounting Firm)

- 회계 관련 실사 및 세무 관련 업무
- 재무 자문사/주간사로서의 역할을 수행하는 경우도 존재

(3) 법무법인(Law Firm)

- 법률 자문사(legal advisor), Cross−Border M&A의 경우 주로 국제 로펌과 국내 로펌의 협업
- Master Counsel: 거래의 전반적인 구조 structuring, 관련 법률문제의 검토 및 실사, 계약서 협상, 작성 및 번역, 법률 의견서의 작성 등
- Local Counsel: 현지법 관련 자문

(4) 기타 자문사

Strategic Business Consulting Firm, HR Consulting Firm, Communication Firm

3) 이해관계자

- 각 당사자의 주주(대주주, 소수주주) 및 임직원(노조)
- Workout 사건의 경우, 채권자(금융기관)
- 정부(각종 인허가 부처)
- 도산/회생사건의 경우, 법원
- 경쟁업체
- 여론 및 시민단체

04 M&A 거래구조 유형 및 거래구조 검토 시 고려사항

1) 거래구조 유형

〈그림 3.2〉 M&A 거래구조 유형

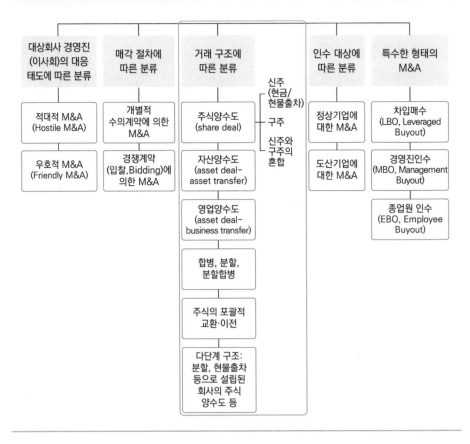

(1) 주식양수도(Share Deal) – 주식(구주)매매(Stock Acquisition)

주식을 취득함으로써 대상회사의 경영에 대한 영향력 내지 지배권을 확보하는 방안

〈그림 3.3〉 **주식(구주)매매 거래**

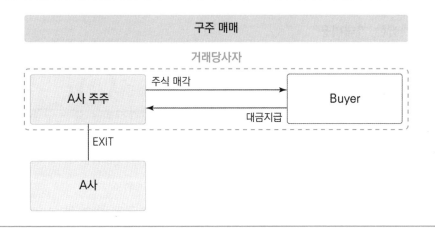

① 목적
- 경영에 대한 영향력 내지 지배권 확보

〈그림 3.4〉 **지분율에 따른 영향**

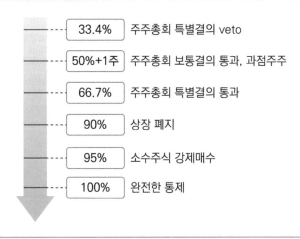

- 합병 전단계로서의 취득: 간이합병, 소규모합병
- 합작투자(Joint Venture)를 위한 취득: 합작투자계약, 주주간계약

② 장점

• 대상회사는 그대로 유지되면서 그 소유주(주주)만이 변경
• 단순한 거래구조 및 간단한 절차:
• (i) 매도인·매수인·대상회사의 주주총회 결의 및 채권자 동의 원칙적 불요
• (ii) 당사자간 사적 합의 외에 주권교부, 명의개서, 대금지급만으로 거래종결
• 저렴한 거래비용

③ 단점

• 대상회사 사업의 일부만 구분하여 인수할 수 없음
• 대상회사의 부외부채·우발채무 인수: 실제 기업가치보다 높은 값을 지불하고 주식을 인수한 것이 되므로 결과적 손해
• 50% 초과 취득 시 과점주주: 간주취득세 납부의무(지방세법 제7조 제5항), 미납조세채무에 대한 2차 납세의무(지방세기본법 제47조)
• 개별 기업 간 거래 시 요구되는 거래공정성 관련 규제 준수 의무: (i) 상법상 계열사간 자기거래 규제, (ii) 독점규제 및 공정거래에 관한 법률상 부당지원행위 문제, (iii) 상속세 및 증여세법상 일감몰아주기에 따른 조세부담 등

(2) 주식양수도(Share Deal) – 신주 인수(Acquisition of New Shares)

• 대상회사가 신규로 발행하는 주식을 취득함으로써 대상회사의 경영에 대한 영향력 내지 지배권을 확보하는 방안

〈그림 3.5〉 주식양수도 – 신주 인수

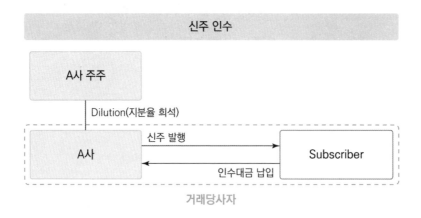

- 신규투자 혹은 채무변제 등을 위해 현금유동성을 늘릴 필요가 있는 기업들이 주로 사용하는 방식
- 회생회사 M&A 시 주로 사용
- 장단점은 기본적으로 구주 매매와 유사. 다만, 구주 매매와 달리 대상회사 즉, 주식의 발행회사가 직접 거래의 당사자가 되어 회사법의 규정이 적용되므로 (i) 신주의 제3자 배정에 관한 대상회사의 정관 확인, 이사회 결의 등 절차적 측면 및 (ii) 발행가액의 공정성 유의 필요(특히, 비상장회사)

(3) 영업양수도(Business Transfer) 및 자산양수도(Asset Purchase)

대상회사로부터 개별 영업 또는 자산을 취득함으로써 이에 대한 직접적인 지배권을 확보하는 방안. 즉, 기본적으로 **선별적 인수**(Cherry Picking)

〈그림 3.6〉 **영업(자산)양수도 거래**

① 영업양수도와 자산양수도의 구별
- 영업양수도: 일정한 영업목적을 위하여 조직화된 유기적 일체로서의 기능적 재산의 일괄 이전
- 자산양수도: 단순한 개개의 재산의 양도

② 장점
- 선별적 인수: (i) 양수회사 - 인수대금 감소의 효과, (ii) 양도회사 - 경영권 유지 및 현금유동성의 확보
- 낮은 부외부채·우발채무 승계가능성: 당초 합병/주식매매 전제로 딜을 추진하다가 실사과정에서 다수의 우발채무 발견 시 자산/영업양수도로 거래 구조를 바꾸는 경우 존재

③ 단점
- 복잡한 양도절차: 자산 및 영업에 대한 개별적인 이전 절차, 채권에 대한 양도통지, 채무에 대한 3자간 채무승계합의, 계약상 지위이전에 대한 3자간 승계합의, 등기/등록을 요하는 자산에 대한 명의이전 등
- 대상회사가 소유하고 있는 인허가 등의 이전 불가: 재취득 시 비용 및 시간 소요

(4) 합병(Consolidation, Merger)

신설회사 또는 존속회사(인수회사)가 소멸회사(대상회사)의 모든 권리·의무를 포괄적으로 승계하는 방안

〈그림 3.7〉 **합병**

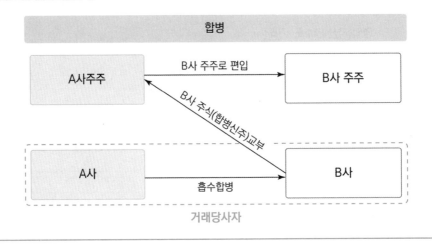

① 장점
- 법인격의 완전한 통합
- 권리·의무의 포괄승계: 개별 자산에 대한 인수절차 불요, 인수대상회사가 보유한 각종 인허가, 실적 등 이전
- 세제상의 혜택: 이월결손금의 승계(법인세법 제44조의3 제2항, 제45조 제2항)
- 거래공정성 관련 규제 회피: (i) 상법상 계열사간 자기거래 규제, (ii) 독점규제 및 공정거래에 관한 법률상 부당지원행위 논란, (iii) 상속세 및 증여세법상 일감몰아주기에 따른 조세부담 등

② 단점

• 복잡한 법적 규제 및 절차: 두 회사 모두 주주총회 특별결의(상법 제522조, 제434조), 채권자보호절차(상법 제527조의5, 제232조), 반대주주의 주식매수청구권 행사(상법 제522조의3) 등

• 인수대상회사의 부외부채·우발채무의 포괄적 승계: 소송, 클레임 제기, 보증채무, 과거의 법규위반행위로 인한 법률제재 가능성(각종 과징금, 부담금 등), 환경문제로 인한 규제당국의 제재 및 민원제기 가능성, 미지급 임금 혹은 퇴직금 청구 가능성 등

2) 거래구조 검토 시 고려사항

(1) 상법

• 거래방식, 이사회·주주총회 등 내부승인, 주식매수청구 및 채권자보호절차 등

• 주식양수도 관련: 정관상 주식양도 제한의 유무(상법 제335조), 신주의 제3자 배정 근거규정(상법 제418조) 및 배정사유 해당여부, 신주발행사항 통지/공고(상법 제418조 제4항)

• 영업양수도 관련: 양수회사의 영업에 '중대한 영향'을 미치는지 여부(상법 제374조 제1항 제3호)

• 자산양수도 관련: 자산양도로 인해 '사실상 영업폐지의 효과'가 있는지 여부

• 합병 관련: 합병계약서에 대한 주주총회 특별결의(상법 제522조, 제434조), 합병 반대주주의 주식매수청구권(상법 제522조의3), 채권자보호절차(상법 제527조의5), 간이합병(상법 제527조의2) 및 소규모합병(상법 제527조의3) 등

• 상장회사 특례 관련: 이사 및 감사의 자격제한 및 겸직금지(상법 제542조의8 제1항, 동법 시행령 제34조 제2항, 상법 제542조의10 제1항, 동법 시행령 제36조 제1항, 상법 제542조의11 제1항, 동법 시행령 제37조 제1항, 상법 제415조의2 제2항, 상법 제382조 제3항, 제542조의8 제2항, 제542조의10 제2항)

(2) 자본시장 및 금융투자업에 관한 법률(이하 "자본시장법")

- 증권신고서 제출의무(자본시장법 제119조)
  - 모집 또는 매출, 즉 '공모'에 해당할 경우
  - 간주모집(자본시장법 시행령 제11조 제3항) 및 전매제한조치(증권의 발행 및 공시등에 관한 규정 제2-2조 제2항)
  - 특히 상장회사가 제3자 배정방식으로 신주발행 시 간주모집 및 전매제한조치 유의
- 주요사항보고서 제출의무(자본시장법 제161조 제1항)
  - 제3자 신주배정, 주식의 포괄적 교환·이전, 합병, 분할·분할합병, 중요한 영업/자산 양수/양도 시
  - 외부평가기관의 평가의견서(증권의 발행 및 공시등에 관한 규정 제4-5조)
- 공개매수의무(자본시장법 제133조 제1항)
  - 상장회사 주식 등을 과거 6개월 간 증권시장 밖에서 10인 이상의 자로부터 5% 이상 매수하는 경우 의무적 공개매수(자본시장법 제133조 제3항, 동법 시행령 제140조)
  - 상장회사 주주들로부터 구주 매입 시, (i) 매도인 수가 10인을 넘는지, (ii) 과거 6개월 이내 동일 거래가 있었는지 유의
- 각종 공시의무
  - 주식등의 대량보유보고제도: 일명 '5% 보고'(자본시장법 제147조); 임원·주요주주의 특정증권 소유현황보고(자본시장법 제173조 제1항); 타법인 출자공시(유가증권시장 공시규정 제7조 제1항 제2호 등); 기업집단 현황공시(공정거래법 제28조); 계열회사 편입신고(공정거래법 제30조) 등

(3) 독점규제 및 공정거래에 관한 법률(이하 "공정거래법")

- 기업결합신고(공정거래법 제11조)
- 자산총액 또는 매출액이 3,000억원 이상인 회사 또는 그 특수관계인이 자산총액 또는 매출액이 300억원 이상인 회사와 일정한 방식의 기업결합을 하는 경우
- 기업결합 당사자 중 외국회사가 포함된 경우에도 자산총액 또는 매출액 규

모가 기준을 충족하고, 외국회사의 국내매출액이 300억원 이상인 경우 기업결합신고 필요(공정거래법 시행령 제18조 제3항); 단, In-Bound M&A 등 국내매출액 요건 필요 없이 위 3,000억원, 300억원 요건만 충족하면 신고 필요한 경우 유의
- 사후신고 원칙. 단, 기업결합 당사자 중 하나 이상의 회사가 대규모회사인 경우 사전신고 필요(공정거래법 제11조 제6항 단서). 이 경우 공정거래위원회의 기업결합 승인 전까지 기업결합행위, 즉 거래종결(Closing) 불가

(4) 노동법

- 관련 법률: 근로기준법, 노동조합 및 노동관계조정법, 근로자퇴직급여보장법, 기간제 및 단시간근로자 보호 등에 관한 법률, 파견근로자보호 등에 관한 법률 등
- 영업양수도 관련: 근로관계의 원칙적 승계 유의
- 노동조합 관계 유의
- 임금 관련 우발채무의 존재 유의(특히, 통상임금 산입 여부)

(5) 조세법

- 주식양수도 관련: 저가양도, 고가양수에 따른 부당행위계산부인의 문제(특히 비상장회사), 증여의제 문제(특히 포괄증여 문제), 과점주주의 간주취득세, 2차 납세의무 등
- 영업양수도 관련: '포괄양수도' 인정 시 양도인의 양도소득세 부담 감소, 부가가치세 면제, 양도자산에 대한 취득세, 등록세 면제 등
- 분할 관련: '적격분할' 인정 시 과세이연의 혜택 부과
- 합병 관련: 피합병법인의 양도소득에 대한 과세이연의 문제, 피합병법인 주주에 대한 의제배당소득 문제, 합병법인의 합병차익과 합병차손의 처리 문제 등

(6) 지적재산권법

상호·브랜드의 사용, IP(Intellectual Property) 소유권, IP 침해 등

(7) 도산법

워크아웃(workout), 회생·도산절차 등

(8) 기타

인허가 승계, 대주주 변경승인·합병인가, 외국인 주식소유 한도(방송법, 전기통신사업법 등), 환경규제

05 M&A 절차

1) 일반적인 절차(공개매각/수의계약)

〈그림 3.8〉 M&A 거래의 일반적인 절차

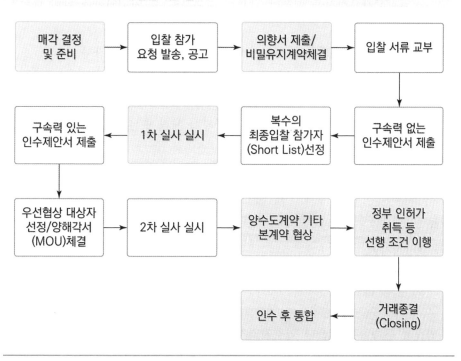

2) 각 절차에 대한 설명

(1) 매각자 준비단계

• 매각자의 실사: 가격에 영향을 줄 수 있는 요소를 발견하기 위함
• 매각주간사 선정
• 매각계획 수립, 입찰참가요청서 발송 및 전체적인 거래구조(Deal Structure) 의 수립

(2) 인수의향서 체결 및 비밀유지약정서(비밀유지확약서) 제출

• 인수의향서(Letter of Intent, LOI)
  – 입찰참가요청서를 배포한 잠재적 매수자들 중 인수의향을 밝힌 매수자 들과 체결
  – 추상적인 인수의향과 더불어 거래구조, 거래일정 등 기재
• 비밀유지약정서/비밀유지확약서(Non-Disclosure Agreement, Confidentiality Agreement)
  – 인수의향서를 제출하며 비밀유지약정서 체결 또는 비밀유지확약서 제출
  – 법률적 구속력 지님

(3) 입찰안내서 등 입찰서류 배포 및 구속력 없는 입찰제안 제출

① IM(Information Memorandum) 및 입찰안내서
• 대상회사에 대한 소개자료
• 매각자(매각주간사)는 주로 입찰안내서에 다수의 면책조항(Disclaimer) 포함

② 구속력 없는 입찰제안(Non-Binding Offer)
법률적 구속력은 없으나 입찰적격자/인수후보자(Short List) 선정의 기준이 되 므로 인수가격 결정 시 신중

(4) 입찰적격자(인수후보자) 선정 및 예비실사

① 입찰적격자/인수후보자(Short List) 선정
• 매각주간사의 재량

- 구속력 없는 입찰제안, 응찰의 진정성, 인수대상회사와의 경쟁관계 등 종합적 고려

② 예비실사(Preliminary Due Diligence)
- Short List에 선정된 인수의향자들은 공간된 자료를 중심으로 예비실사 수행

(5) 구속력 있는 본 입찰제안 및 우선협상대상자의 선정

① 구속력 있는 본 입찰제안(Binding Offer)
- 인수대금은 향후 조정 가능
- 매각주간사가 미리 작성하여 배포한 본계약서에 대한 수정안의 제출을 함께 요구하기도 함

② 우선협상대상자(Preferred Bidder) 선정
- 배타적 협상권(Exclusivity) 및 정밀실사 기회 부여
- 차순위 우선협상대상자를 별도로 선정하는 경우도 존재

(6) 양해각서 체결 및 이행보증금 납부

① 양해각서(Memorandum of Understanding, MOU)
- LOI와 본계약의 중간적 성격
- 구속력 없음을 별도로 명시하지 않는 한, 원칙적으로 법률적 구속력 지님
- 우선협상대상자에 대한 배타적 협상권 부여, 인수대금의 감액사유 및 감액한도, 정밀실사 보장, 유효기간, 이행보증금에 관한 사항 등 규정

② 이행보증금 납부
- 본계약 체결 시, 본계약의 계약금으로 충당
- 우선협상대상자가 정당한 사유 없이 딜을 중단(Drop)하거나 본계약 체결 거부 시, 매각자가 몰취
- 매각자 입장: 배타적 협상권 부여 및 정밀실사 기회 보장에 대한 보상적 성격
- 인수자 입장: 이행보증금 포기 전제로 일종의 해방약정의 성격. 단, MOU 체결 후에는 원칙적으로 Walk-Away 자유 상실

(7) 상세실사

- 회계실사: 회계법인 수행
- 법률실사(Legal Due Diligence): 법무법인 수행

(가) 개요

- 구성: 데이터룸(VDR) 실사, 현장실사, Q&A 등 인터뷰
- 절차: 인수후보자 측 법률대리인이 Information Request List를 만들어 매각주간사에 송부 → 매각주간사는 요청된 정보 중 공개 가능한 자료들 중심으로 실사 자료 준비하여 송부

(나) 목적

① 인수대금 감액사유(Devaluation Points) 또는 Deal Breaker 발견

- 우발채무 관련: 계류 중인 소송, 거래상대방으로부터의 클레임, 계약위반, 보증채무, 과거의 법규위반으로 인한 과징금, 벌금, 부담금 등 법적제재 가능성, 환경문제(수질오염, 토양오염, 대기오염 등)로 인한 제재 및 민원 제기 가능성, 기타 재무제표에 반영되지 않은 각종 미지급채무 등
- 자산 관련: 자산 소유권의 불확실성, 채권의 회수가능성 부존재(채무자에 대한 파산선고, 회생절차의 진행 등), 주요기계장치의 노후화, 부동산에의 공적 제한/부담(고도제한, 방공소 설치 등) 설정 등

② 거래종결에 필요한 선행조건 발굴

- 선행조건: 거래종결을 위해 매각자가 이행해야 할 사항들
- 실사와 무관한 기본적인 선행조건: 내부수권절차 이행, 정부당국의 승인, 진술 및 보증의 정확성 및 진실성, 확약사항의 이행, 본계약 이행 금지 또는 이를 불법화하는 법률의 제·개정 혹은 법원 판결의 부존재, 본계약 체결 후 중대한 부정적 변화 부존재 등
- 실사결과를 반영한 선행조건: 2대주주의 주식매각에 대한 동의, 경영권변동 조항(Change of Control) 관련 계약상대방의 계약을 해지하지 않겠다는 점에 대한 확약, 특수관계인과의 계약의 합의해지, 계열회사의 채무에 대한 지급보증 해소, 기타 각종 미지급채무의 해소, 환경문제의 해결 등

③ 진술 및 보증사항 발굴

- 주로 매도인(매각자)으로 하여금 매도인 자신 및 매매목적물(주식 등), 대상 회사에 대한 일정한 사항을 진술하도록 하고, 그 진실성을 보증하도록 하는 조항
- 대상회사가 자산의 소유권을 확실히 확보하고 있는지, 대차대조표에 기재된 채무 외에 우발채무는 존재하지 않는지, 타인의 지적재산권을 침해하고 있지는 않은지, 근로기준법을 준수하고 있는지, 세금을 적법하게 납부하고 있는지, 공개한 소송 외에 계류 중인 소송은 없는지, 환경 관련 분쟁은 없는지, 회사의 운영과 관련하여 법규를 위반한 사항은 없는지 등
- 공개목록(Disclosure Schedule)의 작성 및 첨부: "공개목록에 공개한 사실을 제외하고 ~한 사실은 없다"

④ 대상회사에 대한 현황 파악

(다) 대상

회사일반, 대상주식, 인허가, 재무, 자산, 영업 및 계약, 보험, 노동, 지식재산권, 환경, 조세, 소송 및 분쟁, 기타 사항 등

분야	확인대상	분야	확인대상
회사일반	법인등기부등본, 정관 등 각종 규정, 주주총회/이사회 의사록, 자회사 및 계열회사 현황 등	보험	보험 가입 및 보험료 납부 현황(특히 산업별로 가입이 강제되는 보험의 가입 및 보험료 납부 여부)
주식	주주명부, 주주간계약, 주식담보 제공 현황, 스톡옵션, 타법인 출자현황 등	노동	고용계약/취업규칙의 적법성, 임금 및 퇴직금의 체불 여부, 비정규직 현황 및 고용간주 여부, 노동조합과의 단체협약, 4대보험, 제반 노동 관련 법령의 준수 여부
인 · 허가	사업운영에 필요한 각종 인허가 취득 및 준수 여부	지적재산권	각종 지적재산권(특허권, 상표권, 저작권, 의장권)의 등록 여부 및 분쟁 여부, 주요 라이선스 계약, 직무발명 현황, 소프트웨어의 적법한 사용 여부, 영업비밀 보호 현황, 개인정보보호 현황

분야	확인대상	분야	확인대상
재무	전환사채, 신주인수권사채 등 사채발행내역, 어음·수표 발행현황, 지급보증, 담보제공 현황	환경	유독물, 폐기물, 폐수 대기오염물질, 토양오염 등 각종 환경 관련 법령의 준수 여부, 행정처분 내용, 인근 주민의 민원 제기 여부 등
자산	부동산/동산 현황, 주요 기계장치 현황, 임대차계약 현황, 건축이나 토지사용 관련 법규 준수 여부	조세	국세 및 지방세 완납 여부, 세무신고의 적정성, 세무조사 가능성
영업 및 계약	사업분야별 주요 계약(물품공급계약, 구매계약, 판매계약, 합작계약, 대리점계약 등)의 조건 파악 및 내용 분석	소송 및 분쟁	계류중인 소송 및 행정처분 현황, 승·패소 가능성, 소송으로 발전할 수 있는 잠재적 분쟁 현황

(8) 인수대금조정 및 협상

① 현실화된 우발채무: 인수대금 감액

현실화 가능성 불분명 또는 현실화되더라도 구체적인 금액 산정 곤란한 우발채무: 진술 및 보증 또는 인수대금의 일부를 우발채무 확정 시까지 에스크로우(escrow) 계좌에 예치하는 방법 등 활용. 단, **실무상 MOU에 규정된 인수대금 조정 사유가 있는 경우에만 인수대금 감액요청 가능**

② 계약 주요조건 협상

진술 및 보증, 선행조건, 확약사항 등

(9) 본계약 체결 및 계약금 납부

① 주식매매계약(SPA)

(가) 서두 및 전문	① 서두(Premises)
	• 당사자 표시
	  – 법인: 정확한 법인명, 주된 영업소 소재지, 설립준거법
	  – 개인: 이름, 주소
	  – 당사자가 여럿인 경우 별지 활용
	• 계약체결일: 특별한 기재가 없는 한 계약체결일부터 효력 발생
	② 전문(Recital, Whereas Clause)
	• 계약 체결에 이르게 된 경위, 이유, 계약의 목적 내지 의사 등 설명

	• 법적 효력을 갖지 않는 것으로 해석되나, 중요한 용어가 정의되고 계약 전체의 해석에 영향
(나) 정의(Definition)	• 당사자간 분쟁 여지 최소화 • 계약서가 복잡하게 되는 것 방지 • 책임 범위 명확히 하기 위한 목적
(다) 주식의 매매 및 거래종결	• 주식의 매매와 대금의 지급, 매매 및 대금지급 시기 • 매매대금 조정: 계약 체결시점까지는 한정된 자료를 제공하면서 계약 체결 이후에 "확인실사" 내지 "매매대금 조정실사"를 하도록 하는 경우 • 거래종결(Closing): 주식이 양도되고 매매대금이 지급되는 것 • 종결 시 교부서류(Closing Deliverables) 기재

**(라) 진술 및 보증
(Represen-
tations and
Warranties)**
	① 매도인(매각자)의 진술 및 보증
	  • 계약 체결 능력
	  • 계약 체결에 대한 수권, 정부 인허가, 법률, 정관, 계약 등 위반 여부
	  • 대상주식의 내용
	② 대상회사에 대한 진술 및 보증
	  • 조직 및 자본구조, 중요계약 및 이행상황, 자산, 자회사 및 투자, 재무제표의 적정성, 소송, 법령준수, 노사관계, 중대한 부정적인 영향의 부존재, 우발채무, 세금, 보험, 환경, 진술 및 보증의 완전성
	③ 매수인(인수자)의 진술 및 보증
	  • 계약 체결 능력
	  • 계약 체결에 대한 수권, 정부 인허가, 법률, 정관, 계약 등 위반 여부
	  • 자금조달 능력

**(마) 확약사항
(Covenants)**
	① 계약 체결 이후 당사자들의 일정한 작위 또는 부작위 의무
	② 거래종결 전 확약사항(Pre-Closing Covenants)
	  • 사실상 확약사항의 대부분
	  • 인수대상회사에 대한 정보접근권
	  • 통상적인 사업과정에 따라 운영
	  • 매수인의 사전 서면동의사항(합병·분할, 신주발행, 일정 규모 이상의 차입, 신규투자, 이익배당, 자회사 설립, 사내규정의 변경, 근로조건의 변경, 임금 및 퇴직금의 인상, 신규채용, 중요계약의 해지 등)
	  • No Solicitation(계약 체결 후 제3자에 대하여 인수대상회사 매각 협상 또는 제안 금지)
	③ 거래종결 후 확약사항(Post-Closing Covenants)

	• 일정 기간 동안의 경업금지의무 • 종업원 유인금지의무

**(바) 거래종결의
선행조건
(Condition
Precedents)**
	① 양 당사자로 하여금 거래종결 의무를 발생시키는 조건
	  • (i) 매도인(매각자)- 선행조건 미충족 시 주식의 소유권이전의무 없음, (ii) 매수인(인수자)- 선행조건 미충족 시 대금지급의무 없음
	② 매도인(매각자)의 거래종결 선행조건
	  • 거래 관련 매수인 내부 의사결정이 적정하게 이루어졌을 것; 매수인 진술 및 보증이 사실과 부합할 것; 매수인의 확약 기타 의무 위반이 없을 것; 거래종결을 금지하는 법률의 제·개정, 정부기관의 명령, 법원의 판결 등이 없을 것; 거래종결을 위해 필요한 정부 인허가 취득
	③ 매수인(인수자)의 거래종결 선행조건
	  • 거래 관련 매도인 내부 의사결정이 적정하게 이루어졌을 것; 매도인 진술 및 보증이 사실과 부합할 것; 매도인의 확약 기타 의무 위반이 없을 것; 대상회사 임원의 사임서 징구(경영진 교체 시); 거래종결을 금지하는 법률의 제·개정, 정부기관의 명령, 법원의 판결 등이 없을 것; 거래종결을 위해 필요한 정부 인허가 취득

**(사) 손해배상
(Indemnification)**
	① 계약상 진술 및 보증, 확약사항, 기타 의무 위반 시
	② 손해배상의 제한
	  • De minimis: 일정한 금액 이상의 손해가 발생하는 사건만을 손해배상 산정의 기초로 함
	  • Deductible Basket: 발생한 손해 금액을 합산하여 일정한 금액 이상이 되는 경우 손해배상의무 발생
	  • Cap: 전체 손해배상의 한도액
	  • 시적 한계: 예컨대, 종결일로부터 일정한 기간 내에 발생한 손해에 대해서만 배상

(아) 해제 (Termination)	• 양 당사자가 합의한 경우 • 일방의 계약 위반 및 이를 치유하도록 하는 통지를 받은 후 일정 시점까지 위반사항을 치유하지 않은 경우 • 일정한 시점까지 거래종결 못한 경우(Longstop Date)
(자) 기타 (Miscellaneous)	• 당사자가 복수인 경우의 연대책임 • 비밀유지의무 • 통지조항 • 완전합의 • 계약의 수정 및 변경 • 가분성 • 비용 및 세금 부담 • 준거법 및 분쟁해결

② 주주간계약(SHA)

(가) 당사자

- 전체 주주 또는 일부 주주
- 의무이행의 실효성 또는 집행가능성을 제고하기 위하여 회사를 당사자로 포함시키는 경우도 존재

(나) 회사의 지배구조에 관한 사항

- 주주총회 관련사항: 주주총회 개최지, 주주총회 소집 빈도, 통지기간 및 방법, 정족수, 주주총회 특별결의사항 등
- 이사회 관련 사항: 이사 총수, 통지기간 및 방법, 정족수, 주주로서 의결권 행사 약정, 이사회 특별결의사항 등
- 이사 및 대표이사 선임 관련 사항: 이사 선임권을 규정하는 경우 이사 해임권에 대해서도 규정해 놓는 것이 바람직(서울중앙지방법원 2012카합1487 결정 - 이사 해임권을 별도로 규정하지 아니하여 이를 위한 의결권행사가처분 신청을 기각한 사례)
- 주요 경영사항에 대한 동의권

(다) 주식의 양도제한에 관한 사항

- 일정기간 동안 상대방의 동의 없이는 주식양도 제한(Lock-Up): 상법 제335조(주식의 양도성), 주주의 투하자본회수 가능성을 전면 부정하는 것이 아니고 공서양속에 반하지 않는 한 주식양도제한 약정 유효(대법원 2013다7608 판결 등)
- 우선매수권(Right of First Refusal/ROFR, Right of First Offer/ROFO)
- 동반매도참여권(Tag-Along Right)
- 동반매도요구권(Drag-Along Right): 협조 강제 방안을 계약서에 반영

(라) 계약해지 및 해지의 효과

(마) 기타 경업금지, 자금조달, 기업공개, 배당정책 등

(10) 확약사항 및 선행조건의 이행

짧게는 1개월 이상, 길게는 수개월

(11) 거래종결(Closing)

- '선행조건이 모두 충족되는 날로부터 [*]영업일 이내'
- 매도인(매각자) — 주식의 소유권 이전, 자산 혹은 영업의 이전 ⇔ 매수인(인수자) — 대금 지급
- 공증된 이사회의사록, 진술 및 보증과 확약사항을 모두 이행하였음에 대한 대표이사 작성 확인서(Closing Certificates), 대리인의 법률의견서(Legal Opinion) 등 교부
- 거래종결일에 대상회사의 임원을 인수자가 지명하는 자로 선임하기로 약정한 경우 거래종결일에 임시주주총회가 개최될 수 있도록 미리 소집절차 진행
- 통상 'Closing Checklist' 활용

(12) 거래종결 후 확약사항의 이행 및 인수 후 통합

- 거래종결 후 확약사항(Post—Closing Covenants) 이행
  - 주로 기업결합신고
- 인수 후 통합(Post—Merger Integration, PMI)
  - M&A 실패 요인 1위(출처: Bain & Company)
  - 각종 규정의 개정, 조직 및 인력의 개편, CI 통합 등

06 IN-BOUND M&A 특유 고려사항

1) 외국인투자촉진법(이하 "외국인투자법")

(1) 외국인투자신고(외국인투자법 제5조)

- 외국인투자: 취득가액 1억원 이상＋취득하는 주식수가 의결권 있는 발행주식총수의 10% 이상인 경우(외국인투자법 제2조 제1항 제4호 가목, 동법 시행령 제2조 제2항 제1호)
- 사전신고 원칙: 신주 혹은 구주 취득에 의한 외국인투자(외국인투자법 제5조 제1항)
- 신고수리처: 대한무역투자진흥공사(KOTRA)의 장 혹은 외국환은행의 장(외국인투자법 시행령 제40조 제2항 제1호)

(2) 외국인투자기업 등록(외국인투자법 제21조 제1항, 동법 시행령 제27조 제1항)

외국인투자자가 출자목적물의 납입을 마치거나, 주식 등의 취득을 마친 경우로부터 60일 이내

(3) 외국인투자 제외업종(외국인투자에 관한 규정 제4조 별표1) 및 외국인투자 제한업종(동 규정 제5조 제1항 별표2)

- 외국인투자 제외업종: 우편업, 중앙은행, 개발금융기관, 개인공제업, 사업공제업, 연금업, 금융시장 관리업, 금융지원 서비스업, 입법기관, 각종 행정, 법원, 검찰, 교도기관, 경찰, 소방서, 각종 교육기관, 사회교육시설, 각종 종교단체, 정치 단체, 환경운동 단체, 시민운동 단체 등

- 외국인투자 제한업종: 곡물 및 기타 식량작물 재배업, 육우 사육업, 기초 무기화학물질 제조업, 비철금속 제련/정련 및 합금 제조업, 원자력/수력/화력/태양력/기타 발전업, 송전 및 배전업, 전기판매업, 방사성폐기물 수집운반 및 처리업, 육류 도매업, 내항운송/항공운송업, 신문 발행업, 잡지 및 정기간행물 발행업, 각종 방송업, 프로그램 공급업, 유선방송업, 각종 통신업, 뉴스 제공업, 국내은행 등

(4) 외국인투자기업에 대한 인센티브

- 조세지원: 지방세(취득세·재산세) 감면, 관세 등 면제(조세특례제한법 참조)
- 현금지원: 토지매입비, 임대료, 고용보조금 및 교육훈련보조금, 공장시설이나 연구시설의 건축비, 자본재 및 연구기자재 구입비, 전기·통신시설 등 기반시설 설치비 지원
- 입지지원: 임대용지 지원, 분양가 차액보조, 임대료 감면·보조 등

2) 외국환거래법

(1) 비거주자의 증권취득신고(외국환거래규정 제7-32조 제3항)

- In-Bound M&A 시 원칙적으로 한국은행총재에게 증권취득신고 필요
- 다만, '외국인투자' 요건 충족 시 위 신고 면제(외국환거래규정 제7-32조 제1항 제2호) 및 외국인투자신고 대체

(2) 파생상품거래 신고(외국환거래규정 제7-40조 제2항)

풋옵션(Put Option)/콜옵션(Call Option) 부가 시 한국은행총재에게 계약서 서명 전 사전신고

(3) 기타자본거래 신고(외국환거래규정 제7-44조, 제7-19조)

거주자가 비거주자에게 담보제공 혹은 보증 제공 시 한국은행총재에게 계약서 서명 전 사전신고

SECTION

07 국내기업 경영 정보

1) 인사노무

- 최저임금
- 근로시간: 1일 8시간, 1주 40시간, 연장근로 1주 12시간, 야간·휴일근로는 당사자 합의에 의함
- 퇴직금제도: 1년에 30일분 이상의 평균임금 지급
- 퇴직연금제도: 근로자 재직기간 중 퇴직금 지급재원을 외부의 금융기관에 적립하여 운용
- 사회보험제도: 고용보험, 산재보험, 국민연금, 건강보험

2) 조세

(1) 국세

- 소득세
- 법인세
- 부가가치세
- 관세

(2) 지방세

- 취득세
- 등록면허세

- 주민세
- 지방소득세
- 재산세

3) 금융회계

- 기업회계: (i) 상장기업 – 한국채택국제회계기준(K – IFRS)의 의무적 적용, (ii) 비상장기업 – K – IFRS 또는 일반기업회계기준의 선택적 적용
- 외부감사제도: 주식회사의 외부감사에 관한 법률 참조
- 내부회계관리제도: 일반적으로 인정되는 회계처리기준(Generally Accepted Accounting Principles, GAAP) 부합 여부에 관한 내부통제제도

4) 지식재산권

- 산업재산권: 특허권, 실용신안권, 디자인권, 상표권
- 저작권: 저작권, 저작인접권, 데이터베이스

SECTION

08 외국인의 EXIT

1) EXIT 필요성

- 외국인의 국내 투자금 회수 및 대외송금
- 인수자가 PE(Private Equity)나 VC(Venture Capital) 등 투자기구(Investment Vehicle)이거나 여러 인수회사가 컨소시엄을 이루어 공동으로 대상회사를 매입하는 경우 − LP(Limited Partner)들에 대한 분배 의무 및 존속기한의 존재

2) EXIT 방법

(1) 상장(IPO)

- 대상회사가 비상장회사인 경우
- 상장심사 통과의 불확실성으로 인하여 주로 투자계약서상 인수자의 지분 투자 후 일정한 기간 내에 대상회사를 상장시키기 위해 '최대한 노력(Best Effort)'해야 한다는 정도로 규정
- EXIT 방안으로 삼기에는 다소 불안정

(2) 주식매수청구권(Put Option)

- 인수자로부터 인수대상회사 지분을 되사갈 상대방을 미리 정해 놓고, 그로 하여금 인수자가 원할 경우에 정해진 가격으로 지분을 매수할 의무를 부담시키는 방안
- 인수자들이 가장 선호: 가장 쉬운 EXIT 방안 및 투자위험 상당 부분 감소 가능
- Put Option 상대방: 주로 인수대상회사의 대주주 혹은 그가 지정한 자

(3) 동반매도권 혹은 동반매도참여권(Tag-Along Right)

- 주주간계약의 어느 일방이 주식을 제3자에게 매각하고자 할 경우에 상대방이 자신의 지분도 함께 매각해 줄 것을 요구할 수 있는 권리
- 각자 자신의 비율대로 매각 또는 우선매각하는 방안
- EXIT을 반드시 보장하는 것은 아님

(4) 강제매도권 혹은 동반매각요청권(Drag-Along Right)

- 주주간계약의 어느 일방이 제3자에게 지분을 처분하고자 할 때 자신의 지분 외에 상대방이 보유한 지분도 함께 강제로 매각할 수 있는 권리
- 인수대상회사 지분의 일부만을 인수한 Minority 투자자에게는 매우 유용(경영권 프리미엄의 공유) ⇔ 기존 대주주에게는 매우 불리
- 실무상 행사요건 등에 관한 치열한 협상

3) 외국인투자가의 대외송금 보장

(1) 대외송금 보장

- 외국인투자가가 취득한 주식 등으로부터 생기는 과실, 주식 등의 매각대금 등은 송금 당시 외국인투자가의 신고 내용 또는 허가 내용에 따라 대외송금 보장
- 단, 당초 외국인투자가가 투자전용 대외계정 및 투자전용 비거주자 원화계정을 통해 국내 투자한 경우여야 함

(2) 외국환거래의 정지(Safeguard) 조항에 대한 예외

- 기획재정부장관은 천재지변·전시·사변, 국내외 경제사정의 중대하고도 급격한 변동, 그 밖에 이에 준하는 사태가 발생하여 부득이하다고 인정되는 경우 원칙적으로 외국환거래를 일시 정지하거나 제한할 수 있음(외국환거래법 제6조 제1항 내지 제3항)
- 다만, 외국인투자에 대하여는 위 조항의 적용이 배제됨으로써 외국인의 투자금 회수는 Safeguard 조치의 영향을 받지 아니함(외국환거래법 제6조 제4항)

참고: 국가핵심기술 보유 기업 인수합병 시 사전승인

[산업기술의 유출 방지 및 보호에 관한 법률]

• 국가핵심기술 보유기업*에 대한 해외인수합병, 합작투자 등 외국인투자 시 미리 산업통상자원부장관의 승인을 얻어야 함(동법 제11조의2)

• 산업기술보호위원회의 심의를 거쳐 승인 시 일정한 조건 부과 가능

• 승인을 받지 아니하거나 거짓이나 그 밖의 부정한 방법으로 승인을 받아 해외인수합병 시, 15년 이하의 징역 또는 15억원 이하의 벌금(동법 제36조 제2항, 제14조 제6호)

• 예비 · 음모 처벌(동법 제37조 제1항, 제36조 제2항)

• 양벌규정(동법 제38조)

• 다만, 사실상 기술 탈취 목적이 아닌 정상적인 인수합병의 경우 국가안보 에 미치는 영향이 적다고 판단될 시 별다른 문제 없이 인수합병 진행 가능

(* 국가핵심기술 보유기업: 국가로부터 연구개발비를 지원받아 개발한 국가핵심기술을 보유한 대상기관)

해외 투자 관련
KOTRA 이용사례

SECTION

01 외국인 투자 유치

1) 외국인의 대한국 투자 동향

(1) 외국인 직접투자란?

① 외국인 직접투자 유형
- 국내기업의 주식 또는 지분의 취득: 경영활동참여 등 지속적인 경제관계 수립 목적으로 그 법인이나 기업의 주식 또는 지분 소유
  - 신주 취득
  - 기존 주식취득
- 투자금액: 1억원 이상
- 투자비율: 의결권 있는 주식총수 또는 출자총액 10% 이상
- 투자비율의 예외: 외국인이 그 국내기업에 임원파견 또는 선임
- 5년 이상 장기차관
  - 해외 모기업 또는 외국투자가 또는 해외모기업 및 외국투자가
  - 자본출자관계에 있는 기업이 그 외투기업에 대부하는 5년 이상 차관
- 비영리법인에 대한 출연
  - 과학기술분야의 연구인력/시설 등 해당 비영리법인
  - 비영리법인으로 외국인투자위원회가 외국인투자로 인정하는 것

② 외국인투자신고 및 도착 현황

- '18년 외국인직접투자는 신고 269억 달러, 도착 164억 달러로 역대 최대실적 기록

  ('12) 163 → ('15) **209** → ('16) **213** → ('17) **229.4** → ('18) **269**

- '17년 대비 신고 17.2%(+), 도착 20.9%(+) 증가 외국투자가의 한국경제 신뢰도 확인

〈그림 4.1〉 **연도별 외국인 투자 현황**

출처: 외국인투자통계시스템(INSC)

③ 2019년 투자유치 현황

- ('19.6.30 기준) 신고 9,873백만달러(△37.3), 도착 5,610백만달러(△45.2)

구분	신고 기준			도착 기준		
	건수	금액 (백만달러)	증감 % (전년비)	건수	금액 (백만달러)	증감 % (전년비)
'15	2,699	20,910	10.1	1,734	16,585	35,7
'16	2,987	21,296	1.8	1,831	10,798	△34.9
'17	2,774	22,948	7.8	1,679	13,629	26.2
'18	2,669	26,901	17.2	1,681	16,994	24.7
~'19.6.30	1,266	9,873	△37.3	884	5,610	△45.2

출처: 외국인투자통계시스템(INSC)

④ 외국인투자기업 수

• 2018년 국내진출 외투기업 수: 18,720개사('19.3.28일 기준 18,878개사)

• 국내에 진출한 외국인투자기업의 수는 꾸준히 증가하는 추세

〈그림 4.2〉 연도별 외국인투자기업 현황

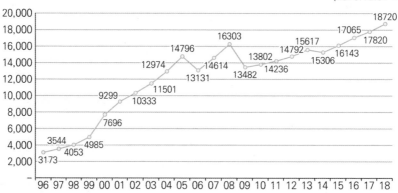

(2018.12.31 기준)

⑤ 한국의 해외직접투자와 외국인직접투자

• '18년 외국인직접투자(IFDI) 투자 실적은 269억 달러(신고)로 지속적으로 증가하는 추세

• '18년 해외직접투자(OFDI) 투자 실적은 593억 달러(신고) 기록

〈그림 4.3〉 연도별 IFDI, OFDI 현황

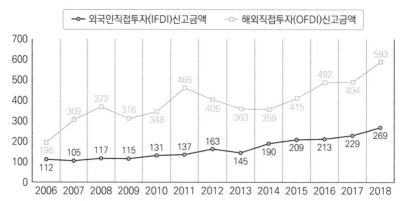

출처: 외국인투자통계시스템(INSC), 한국수출입은행

⑥ 국가별 외국인투자 동향

〈그림 4.4〉 **국가별 외국인투자 동향**

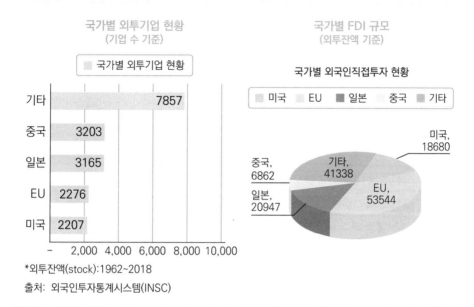

*외투잔액(stock):1962~2018

출처: 외국인투자통계시스템(INSC)

⑦ 산업별 외투기업 동향

〈그림 4.5〉 **산업별 외투기업 동향**

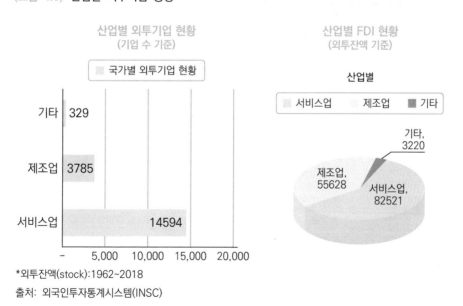

*외투잔액(stock):1962~2018

출처: 외국인투자통계시스템(INSC)

2) 외투유치의 필요성

(1) FDI 결정요인: UNCTAD(98)

① 투자 유치국의 결정요인

　　1. FDI 정책

　　　　－ 정치, 경제, 사회적 안정

　　　　－ 진출 및 운영관련 제도

　　　　－ 외국인회사 대우 기준

　　　　－ 시장경쟁 제도

　　　　－ FDI 관련 국제협정

　　　　－ 민영화 정책

　　　　－ 조세정책

　　　　－ 무역정책 및 FDI와 무역정책 관계

　　2. 경제적 결정요인

　　3. 비즈니스 촉진책

　　　　－ 투자촉진정책

　　　　－ 투자인센티브

　　　　－ 분쟁비용(부패, 관료제도)

　　　　－ 생활환경(국제학교, 삶의 질)

　　　　－ 투자 사후 서비스

다국적 기업 투자동기	유치국의 경제적 결정요인	
A. 시장 지향	• 시장규모 및 인당소득 • 인근지역 및 세계시장 접근	• 시장의 성장률 • 소비자 선호 및 시장구조
B. 자원 지향	• 천연자원(원재료) • 숙련인력 확보와 비용	• 저임 생산 인력
C. 효율 지향	• global cost efficiency • 교통, 통신, 중간재 비용	• 생산성 조정 후 자원과 자산 비용 • 지역통합협정 가입여부
D. 전략 자산 지향	• 기술, 경영, 브랜드 등 창출자산 • 혁신 및 교육 역량, 기업가정신	• 인프라(항만, 공항, 전력 등)

② FDI 효과: 찬반양론

효과	긍정적 견해	부정적 견해
투자	자본 형성 신설투자(Greenfield)	모기업 전략 M&A 자본 변화 없음. 헐값 매각 논란
기술, 경영	선진 기술, 경영 도입 국내 기업 확산	R&D 모기업에서 수행 현지국가 핵심연구 없음
무역	국제 분업구조 참여 외투기업 국제 판매망 활용 수출	조달물품 해외 수입 증가 고부가 수입, 저부가 현지 생산
경쟁	국내 경쟁 촉진, 구조조정 경쟁력 강화	시장지배력 강화(예, 종묘산업) 국내 경쟁 약화
고용, 임금	고용 증가 생산성 증가, 임금 상승	모기업 고급 일자리 현지 자회사 저임금 일자리
인적 자본	직업훈련 통해 숙련 향상 전직 or 창업 통해 확산	지식 격차 큰 경우 확산 어려움 기업 특수적 인적자본은 제한

(2) 외국인투자의 경제적 효과

• 고급 기술 이전
• GVC(Global Value Chain) 보완을 통한 경쟁력 강화
• 선진 경영기법 도입
• 무역수지 개선(수입대체 및 수출 확대)
• 지역경제 발전 및 고용확대

(3) 외투기업의 국내경제 기여도

• 한국 투자진출 외투기업 수: 18,720개사(2018년 기준)
• 외투기업은 한국 수출의 21%, 고용의 6%를 점유

〈그림 4.6〉 **외투기업의 국내경제 기여도**

13.4%	6%	21%	6.4%
Sales	Employment	Exports	R&D

출처: Invest KOREA, 외투기업 경영실태조사(2016)

(4) 한국에 투자한 중요한 요인 분석

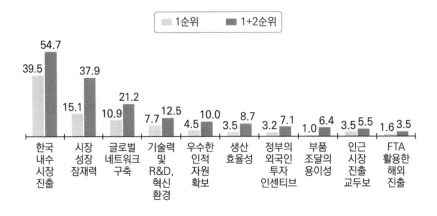

*1순위 기준 모름/없음(7.4%), 기타(1.9%) 제외

출처: 외국인투자기업 경영환경 애로조사 보고서(2017)

(5) 한국 투자 환경의 장·단점

① 장점

- 우수한 인적자원
- 세계적인 글로벌 기업 다수 보유(Fortune Global 500대 기업 중 17개)
- 제조업 기반(조선, 자동차, 전자 등)
- 우수한 인프라 시설(IT, 물류 등)
- FTA 네트워크(EU, 미국, 중국 등)
- 까다로운 소비자 취향 및 구매력
- 동북아 중심(중국, 일본 접근성)
- Test bed 역할(혁신적 마인드, 신기술 및 뉴패션 선도, 스피드)

② 단점

- 노사문제
- 규제 및 잦은 정책의 변경
- 언어장벽

- 북한 리스크
- 외국인을 위한 정주환경 미비
- 반외자 정서
- 높은 비용(인건비, 지가, 임대료 등)

(6) 외투기업 투자환경 애로조사 결과

- 접촉 창구의 일원화: 정부관계자 언행의 불일치, 담당자의 잦은 변경
- 정보습득에 어려움: 변경, 개정된 법 및 규정 내용 파악 어려움, 외국어 서비스
- 정부정책의 예측 가능성이 낮고 불투명한 업무처리 애로 호소
  - 장기적인 투자계획 수립에 어려움, 투명하고 공정한 절차 및 제도 마련
- 희망 인력 채용 및 해고의 어려움: 국내 대기업에 비해 불리, 인력양성 및 채용 지원 필요, 강성노조
- 한국 생활의 어려움: 휴대폰 개통, 신용카드 발급, 지방 거주환경 및 교육환경 열악, 소통 불편
- 정책의 일관성 부족 및 예측 가능성 낮음: 경제적 상황, 과도한 규제 등, 중장기적 투자환경 개선 및 맞춤형 유치전략 필요
- 기타: 군대식 문화, 권위의식, 연공서열, 관료주의, 장기간 세무감사

3) Invest KOREA 소개

(1) Invest KOREA 설립목적 및 연혁

① 설립근거
- 외국인투자촉진법 제15조(외국인투자지원센터 등의 설치)
  - '대한무역투자진흥공사에 외국인투자지원센터를 둔다.'

② 설립목적
- 외국인투자 종합(One-Stop)서비스 전담 국가기구로서의 역할
- 외국인투자 관련 상담, 안내, 홍보, 조사, 민원사무의 처리·대행 등 투자가 지원업무를 종합적으로 수행

③ 조직연혁

• 1998. 4: 정부, KOTRA를 투자유치전담기구로 지정

• 1998. 7: KOTRA내 외국인투자지원센터(KISC) 설립

• 2003.12: Invest KOREA 출범

④ Invest KOREA 조직도

IK 본부조직: 1센터 5실 8팀(KOTRA 직원, 전문위원, 파견공무원)

〈그림 4.8〉 Invest KOREA 조직도

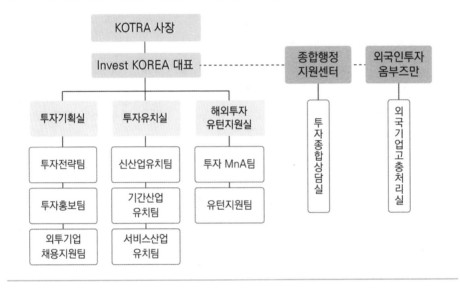

⑤ Invest KOREA 지원 해외무역관

해외 투자유치 활동 무역관: 36개소

〈그림 4.9〉 Invest KOREA 해외 지원 무역관

⑥ IK 2019년 중점추진 방향 및 과제

2019년 Invest KOREA 성과목표

• 220억달러 유치, 일자리 1만7천명 창출, 유턴기업 고용창출 145명
• 국가 혁신성장·일자리 창출 선도

3대 추진방향	중점 추진과제
IK 타깃 프로젝트 밀착지원	• 타깃 프로젝트 밀착 지원체계 가동 • 방한유치 사업 확대로 투자유치 성과 제고 • 국내 앵커기업·대표산업 연계한 국내·외 IR 확대
혁신성장 기반 확충	• 신성장 13대분야 투자유치 타깃기업 발굴 • 지방 혁신클러스터 연계 산업위기지역 투자 활성화 • 협업 네트워크·유턴 타깃기업 D/B활용, 유턴 유치 활성화
고객중심 투자유치 인프라강화	• 증액투자 유도를 위한 외투기업 맞춤형 지원 • IK 투자포럼 개편으로 지자체·유관기관 투자유치 역량 강화 • 투자홍보 인프라 고도화

⑦ 외국인투자에 대한 현금지원

4대 분야(일자리, 신성장기술, 글로벌지역본부, R&D)의 현금지원 확대

* 외촉법 개정안 국회 계류 중, 현금지원 운영요령 개정 추진중(하반기)

- 예산확대: 2018년 60억원 → 2019년 500억원으로 8배 확대
- 지원대상: 신성장기술 11개 분야 → 첨단 제품 및 기술 추가 총 35개 분야로 확대

⑧ 현금지원 개편(안)

구분	개편 전	개편 후
예산 확대	연간 60억원	연간 500억원
지원 대상	신성장기술 11개 분야	첨단 제품·기술 추가 (35개로 확대)
증액 투자	미처분 이익잉여금 FDI 불인정	미처분 이익잉여금 FDI 인정
지역본부 기준	해외 모기업매출액 3조원 이상 (최근 5개년)	기준 삭제
고용 요건 완화	현금지원 한도산정 시 1인당 가중치를 높이고 한도 증액	-
청년고용 추가지원	없음	1인당 10% 가중치 부여
전문인력 기준 완화	학력 기준만 인정	업무경력 등 비학력 기준도 인정
R&D 센터 지원 강화	현금지원 한도산정 시 연구인력 1인당 가중치 제고 및 한도 증액 (수치 비공개)	-
R&D 센터 고임금 장려	없음	고임금 지급 시 현금지원 한도 증액
연구인력 기준	내국인만 인정	해외 연구인력도 장기체류 시 고용으로 인정
R&D 투자지원 신설	없음	R&D 센터 미설치의 경우에도 연구개발 투자 시 지원 비율 상향

⑨ 외국인투자촉진펀드

우수 중소기업의 외국인투자 유치 지원을 위해 민관합동 500억원 운용

- 산업부(100억원) + KDB산업은행(100억원) + 민간투자운용사(300억원)('18.12월 조성)

- 외측펀드의 국내기업 선투자 → 중소기업의 신뢰도 증가 → 외투유치 촉진
- 중소기업에 대한 "자본 유치 + 해외진출 + 글로벌화 지원"

〈그림 4.10〉 **외국인투자촉진펀드와 IKMP**

⑩ IKMP(Invest Korea Market Place)

국내 스타트업/중소기업 대상 외국인투자유치 지원사업

- 투자유치를 희망하는 국내기업을 발굴(연간 3회), 해외 적격 투자가와 매칭
- IKMP 등록된 투자유치 희망 국내기업: 246건(www.investkorea.org)

⑪ IKMP 안내 홈페이지

⑫ 국내기업 FACT Sheet 샘플

Investment Highlights

· *Development of Continuous Graphene Film Synthesis Equipment*
The company completed development of and registered a patent for the
continuous synthesis equipment of large graphene films, which is operated in
the roll-to-roll mode, and secured the foundation for mass production of
graphene films at prices which are 1/250 or lower than those of existing
graphene films for researches. The company processes and supplies graphene in
the shapes instantly applicable, in order to mass produce products and lead the
global graphene market.
The CVD-type graphene film market is currently at the infant stage and the film
is expected to be applied to flexible display, highly functional barriers and water
treatment membrane including membrane for desalination. It is forecasted that
the market will reach USD 6.5 billion in 2025.

Company Profile

· Date of Establishment: Aug. 19, 2010
· Sales: USD 1.4 million [2014]
· Number of Employees: 8 [2014]

Financial Figures

	2012	2013	2014
Sales	0.63	1.58	[Unit: USD million] 1.04
Total Assets	0.52	0.82	
EBITDA	55	56	70

Investment Requirement

· Investment method: Financial / Strategic Investment(20~30% of Equity
investment)
· Amount: USD 5 million
· Region: all available
· History:
- 2013: Established a research center / Registered a plant
- 2014: Developed the high-speed chemical vapor deposition processing
technology for large-volume graphene transparent electrode synthesis
- 2014: Entered into an agent agreement with SH Cooper Products
- 2015: Entered into an MOU for establishment of a joint venture with Yingkou
Graffin Science Technology Company of China
- 2015: Selected for the Technology Transfer Program of the Ministry of
Science, ICT and Future Planning (development of graphene for OLED
lighting)

For more detail Teaser Memorandum and information please contact below Project Manager

Chemical/Material PM: bongkee@kotra.or.kr

⑬ Invest KOREA 주요 발간자료

자료명	발간 주기	주요 내용
외국인투자가이드 2017	기획	외국인투자 절차 및 투자인센티브 정보(국/영/중/일)
한국투자환경 홍보 브로슈어	격년	한국 투자강점 및 유망산업(영/중/일)
한국 국가정보	격년	한국 경제, 투자, 무역, 생활정보 FACT SHEET(영문)
한국 투자환경 홍보 영상	3년	한국 투자환경 소개 동영상(영/중/일)
산업별 IR 책자/리플렛	격년	17개 유망산업 IR 자료(영문)
KOTRA 외투기업 성공사례집	기획	외투기업 한국진출 성공사례(국/영)
IK 홍보 브로슈어	격년	IK 소개 자료(국/영/중/일)

자료명	발간 주기	주요 내용
외투기업 경영실태 조사	연간	외투기업의 경영성과, 경영활동, 경제적 효과 분석(국문)
KOTRA Express	월간	외국인투자 월간뉴스(영문)
투자환경 비교조사 2019	기획	주요 경쟁국의 투자환경 및 인센티브 비교조사
외국인투자유치 종합계획 2019	연간	글로벌 FDI 전망, 주요 산업별 투자유치 전략, IK 투자유치사업 소개(국문)
외국인투자자를 위한 노동법	격년	채용 관련 노동법 규정 및 주의사항, 주요 사례(영문)
Guide to Living in Korea	연간	주거, 의료, 교육 등 한국생활 정보(영/중/일)

4) 18년 투자유치 성공사례

(1) 미국 A사(기술혁신)

A사는 1994년 인터넷서점으로 시작했다. 현재 A사는 도서의 주문 및 배송서비스를 넘어 전 세계 재화 및 서비스를 유통하는 IT 서비스 플랫폼으로 성장했으며 2018년 9월 애플에 이어서 역사상 두 번째로 시가총액 1조달러를 돌파했다. A사는 2017년 매출액이 1,780억 달러인데 2017년 R&D 비용으로 매출의 12.6%인 226억달러를 지출하여 전 세계 1위의 연구개발 지출기업으로 보도되기도 했다.

자회사 AWS는 2006년 설립되어 기업들에게 핵심적인 웹 인프라인 클라우드 컴퓨팅 서비스를 제공하고 있는데 세계 퍼블릭 클라우드 시장에서 33%의 점유율로 1위를 차지하고 있으며 2017년 A사 영업이익 대부분이 AWS에서 창출되는 등 중요한 수익원이 되고 있다.

A사는 한국내에 3개의 법인을 운영하고 있는데 그 중 AWS코리아는 기술혁신과 고용창출의 핵심역할을 하고 있는데 2016년 서울에 복수의 데이터센터를 구축했으며 올해까지 총 1억 100만달러를 투자했다.

AWS는 2017년에 클라우드 관련 신규기능을 1430개 발표했고 이와 관련된 신규 서비스를 125개 선보였는데 개발된 기능의 90%는 고객의 다양한 요구를 바탕으로 만들었다고 한다.

이미 많은 한국의 대기업과 중소기업, 스타트업이 AWS 클라우드 서비스를 이용하고 있으며 기술혁신, 비용절감, 보안, 신규서비스 출시는 물론 AWS를 이용하는 세계 각국의 기업과 네트워크를 형성하고 서비스를 제공할 수 있게 됨으로써 세계 시장 진출을 가속화하는 효과까지 얻고 있다.

AWS는 또한 고급인력의 고용창출에도 크게 기여하고 있다. 2017년 말 대비 2018년 9월말까지 총 54명을 신규 고용했는데, 이외에도 AWS 서울 온라인 채용 웹페이지를 통해 63개의 포지션(2018년 11월 말 기준)을 오픈하여 경력자 채용을 진행중이다.

(2) 프랑스 A사(지역경제 기여)

A사는 1902년 프랑스에서 설립된 산업용 가스분야 1위 기업으로 전 세계 80개국에 약 6만 5천명의 직원을 두고 있다. 2017년에는 수소에너지 등 새로운 에너지원 개발·생산에 집중하는 등 시장수요에 따라 사업모델의 변화를 시도하고 있다.

1996년에 한국에 진출한 A사는 현재 4개의 자회사와 여수산단소재 3개의 산업용가스 플랜트를 운영하며 약 350명의 직원이 근무하고 있다. 주로 산단 내 정유, 화학, 철강 및 에너지 분야의 기업에 자체 파이프라인을 통해 산업용 가스를 공급한다. 고객사로는 한국바스프, 금호미쓰이화학, 한화케미칼 등이 있다.

여수산단에서 생산되는 제품의 80%가 주변국으로 수출되는 등 수요가 안정적으로 보장되는 만큼 2018년 4월에 4천만 달러 투자신고, 10월에는 전라남도 여수시와 1,260억 규모의 투자협약을 체결하여 2020년까지 여수산단에 수소와 일산화탄소 등 산업용 가스 생산을 위한 제4공장 건립 계획을 공식화했다.

전라남도도 A사의 산업인프라 구축 증액투자로 화학기업 수출증대 및 항만 물류창출 등 지역경제가 활성화될 것으로 기대하고 있다. 더 나아가 A사와 기차, 선박, 트럭 등 수소 전기차 활용방안을 모색하며 협력관계를 유지할 계획이다.

(3) 독일 S사(고용창출)

　S사는 초음파 진단 의료기기 등 의료장비를 생산하는 기업이다. 현재 전 세계 73개국에 진출해있으며, 초음파 사업부는 한국에 2개 연구소와 포항, 경주, 성남에 3개의 사업장을 운영하고 있다.

　'17년 9월에 포항시－포항TP－S사 간 투자양해각서를 체결했는데, 이 때 미국 본사 초음파사업부 생산총괄 사장이 포항을 직접 방문해 경주공장의 포항이전과 함께 오는 2022년까지 5년간 1700만달러 투자를 약속했다. 이에 대한 후속조치로 '18년 4월, 경북 포항에 1700만달러의 증액투자를 신고한 바 있다.

　S사가 2020년 3월까지 경주공장을 포항으로 통합 이전할 경우 생산 유발효과 480억원, 부가가치 유발효과 328억원, 세수 유발효과 26억 등 연간 834억원의 지역경제 파급효과가 있을 것으로 분석하고 있다. 또, 신규고용 60여명을 포함해 기존 포항 사업장 근무인원 280명, 오는 '20년까지 사업장 이전 통합인원 155명을 더해 총 500여명의 직원이 포항에 상주하게 된다.

(4) 일본 S사(합자를 통한 윈-윈)

　E사는 보안 솔루션 개발 핀테크 기업으로 올해 국내 보안업계 최초로 일본금융그룹 S홀딩스와 홍콩유명 사모펀드사인 B사로부터 총 2천만달러의 대규모 투자를 유치했다. 국내 핀테크 기업들이 세계 핀테크 산업 시장의 후발주자로 고군분투하고 있는 상황에서 다크호스처럼 등장해 그 기술력을 인정받아 일궈낸 성과다.

　E사가 고안해낸 소스코드가 주기적으로 변하는 'Dynamic' 보안기술은 대다수 금융기관에서 사용 중인 정적 보안 기술 'Static'에 비해 보안성이 높다는 평가를 받고 있다. S홀딩스는 그룹 내 모든 계열사에 E사의 기술을 도입하겠다는 계획이다.

　E사와 S홀딩스는 지난 9월 보안기술 제공을 위한 합작법인을 설립하고, 다이내믹 보안 솔루션 도입에 박차를 가하고 있다. 국내 보안 스타트업이 합작법인 설립을 통해 솔루션 확대를 추진하는 것은 이번이 처음이다. 일본 보안 마켓에 공급될 이 기술은 프로그램이 실행될 때마다 보안 모듈이 새로 생성되어, 해킹이 사실상 불가능하다는 평가를 받고 있다.

　현재 E사는 우리은행, 농협은행, 기업은행 등 국내 금융사 및 행정안전부 등

정부기관과 공기업의 스마트폰 앱 서비스에 공급 중으로 국내 제휴 기업만 20여 곳이다.

E사는 한국에서의 기술 검증을 바탕으로 일본에 기술을 제공하고, 한국 기업도 세계 보안 시장에서 유니콘 기업으로 성장하는 것을 보여주겠다는 포부를 밝혔다. E사의 성과가 국내 핀테크 시장의 고무적인 사례로 주목되고 있다.

(5) 대만 G사(소재 안정적 공급)

G사는 대만 소재 태양전지 생산업체인 SAS그룹의 자회사로 1981년에 설립되었다. 2016년 미국 반도체기업인 선에디슨(Sun Edison Semiconductor)을 인수하면서 세계 3위 실리콘 웨이퍼 제조기업으로 성장했다. 전 세계 17개의 제조시설을 운영 중이며 2017년 기준 연매출액은 15억달러에 달한다.

1990년 충청남도 천안시에 코리아 법인을 설립하고, 1993년부터 포항제철, 삼성전자와 합작투자로 200mm 제조용 실리콘 웨이퍼를 생산하여 삼성전자에 납품을 시작하였다. 2017년 기준 매출액은 3,700억원, 직원 수 633명에 달한다.

현재 200mm와 300mm 웨이퍼를 제조, 판매하고 있으며, 200mm의 경우 내수용은 25%에 불과하지만, 300mm 웨이퍼는 생산량 대부분이 삼성납품용으로 삼성에 대한 의존도가 높은 편이다.

삼성 반도체에 대한 수요가 증가하면서 늘어나는 웨이퍼 생산주문에 대응하기 위해 2018년 천안지역에 300mm 실리콘 웨이퍼 생산시설 확장 목적으로 4억달러 투자를 결정하였다. 이뿐만 아니라 고용노동부 통계 기준, 28명을 신규 채용하고, 향후 200명을 추가로 고용할 예정이다.

(6) 중국 U사(소재산업, 수출기여)

한국U사는 태양 전지소재로 쓰이는 메탈실리콘을 생산하는 기업으로, 중국의 U물류그룹이 100% 투자하여 설립한 외투기업이다.

2015년 8월에 포항시와 3천만 달러 규모의 메탈실리콘 생산공장을 설립하기 위한 투자 양해각서를 체결했으며, 같은 해 9월에는 2천만 달러 규모의 티타늄 생산시설 건립을 위해 추가로 양해각서를 체결했다. 이어 2015년 10월에는 원자재 수급 안정성 확보를 위해 메탈실리콘의 주 원료인 규석이 풍부한 전라북도 장수에 자회사 U광업㈜를 설립했다.

U그룹은 중국에는 있으나 한국에는 없는 '메탈실리콘'을 투자품목으로 골랐다. 메탈실리콘은 규석을 정제해 만들어지는 기초소재로 반도체, 태양전지 등의 재료인 폴리실리콘의 원재료이다.

한국의 연간 메탈실리콘 수요는 7만톤에 달하지만, 생산하는 곳이 없어 전량을 해외에서 수입하고 있는데다 한국에는 관련 제조기술이 없기 때문에 중국이 경쟁력을 갖고 있는 품목이다.

앞으로 메탈실리콘 생산이 본격화되면 한국은 소재 수입 대체 효과를 높일 수 있고 또한 장수에 위치한 광산에서 원재료를 수급하게 되므로 지역경제 활성화에도 이바지 할 수 있다.

그밖에 한국진출이 수출에도 도움이 된다. 'Made in Korea' 프리미엄 활용, 품질관리의 용이성, FTA효과로 바이어들은 중국산보다 한국산을 선호한다. 한국에서 만든 제품을 EU에 수출하면 한-EU FTA의 효과를 누릴 수 있다. 예를 들면 중국에서 EU에 제품을 수출하는 경우에는 반덤핑 관세가 27%나 부과되는데 한국 제품은 적용받지 않기 때문에 가격 경쟁력을 갖추게 된다.

한국U사는 OCI, KCC, 한화 등 주요 거래처를 확보하고 있어 투자에 따른 안정적인 매출을 예상하고 있는데 한국 내 예상 생산량은 연간 25,000톤으로, 전체 수요 7만 톤에 비하면 아직도 물량이 부족한 상황이다(자료원: KOTRA).

SECTION

02 해외 투자 동향 및 성공사례

1) 해외 직접투자 동향

(1) 연간 동향 및 주요 특징

① 투자금액

• 2018년 우리나라 해외직접투자는 투자금액 기준으로 전년(446.0억 달러)대
  비 11.6% 증가한 497.8억 달러를 기록
• 신규 투자법인수는 3,540개사로 전년(3,426개사)대비 3.3% 증가

〈표 4-1〉 최근 5년간 해외직접투자 현황

(백만달러, 개사, %)

구분	2014		2015		2016		2017		2018	
	신규 법인수	투자 금액	신규 법인수	투자 금액	신규 법인수	투자 금액	신규 법인수	투자 금액	신규 법인수	투자 금액
전체	3,048	28,554	3,215	30,356	3,349	39,592	3,426	44,599	3,540	49,782
(증가율)	0.3%	△7.7%	5.5%	6.3%	4.2%	30.4%	2.3%	12.6%	3.3%	11.6%

출처: 한국수출입은행

② 지역별 동향

• 아시아(27.5%), 유럽(63.1%), 중동(28.7%) 및 중남미(20.0%) 앞 투자는 증가한
  반면, 북미(△27.0%), 대양주(△28.8%) 및 아프리카(△33.1%) 앞 투자는 감소
• 아시아 및 중남미는 제조업, 유럽은 금융보험업을 중심으로 전체 투자 규모 증가
• 상위 10개 투자국가(억 달러): 미국(108.1), 케이만군도(61.2), 중국(47.7), 홍
  콩(34.8), 베트남(32.6), 룩셈부르크(28.3), 영국(25.2), 싱가포르(15.7), 일본
  (13.1), 오스트리아(12.5)

③ 업종별 동향
- 제조업(92.7%), 금융보험업(21.0%), 부동산업(34.8%) 및 광업(51.4%)은 전년
  대비 증가세를 보인 반면, 도소매업 투자는 큰 폭으로 감소(△74.9%)
- 제조업(163.7억 달러), 금융보험업(162.3억 달러)은 대규모 투자 및 해외 집합
  펀드투자 증가 등으로 인해 사상 최고치를 기록

④ 투자규모 동향
- 1억 달러 이상의 대규모 투자비중 및 대기업 투자비중이 전년 대비 모두
  소폭 감소
- 대규모 투자비중: '17: 47.1% ➡ '18: 44.2%
- 대기업 투자비중: '17: 81.1% ➡ '18: 76.0%

(2) 지역 · 국가별 동향

① (주요투자지역) 18년 중 지역별 투자 순위는 아시아, 유럽, 북미 순이며 상
  위 3대 지역앞 투자비중이 전체의 80.3%를 차지
- (증감현황) 북미, 대양주, 아프리카를 제외한 모든 지역의 투자가 증가하였으
  며 특히 유럽 지역 투자가 크게 확대(63.1%)되며 '18년도 투자 증가를 견인

〈표 4-2〉 최근 5년간 지역별 해외직접투자 현황

(백만 달러)

구분	2014	2015	2016	2017	2018*	
아시아	9,230	10,730	11,127	13,314	16,971	27.5%
유럽	4,285	3,496	4,529	7,164	11,685	63.1%
북미	7,093	7,619	14,919	15,519	11,328	△27.0%
중남미	4,402	5,548	6,167	6,783	8,138	20.0%
중동	1,175	1,560	1,089	653	840	28.7%
대양주	2,050	1,252	1,591	931	663	△28.8%
아프리카	319	151	169	234	157	△33.1%
합계	28,554	30,356	39,592	44,599	49,782	11.6%

* 비율은 전년 대비 증감율(이하 동일)
출처: 한국수출입은행

② (지역별 신규법인수) 아시아 지역 신규투자 법인수는 전년과 비슷한 수준을 유지하였으며, 유럽지역은 신규법인수가 가장 큰 폭으로 증가(19.0%)

〈표 4-3〉 최근 5년간 지역별 신규법인수 현황

(백만 달러)

구분	2014	2015	2016	2017	2018*	
아시아	2,037	2,151	2,333	2,316	2,397	3.5%
북미	548	574	546	569	568	△0.2%
유럽	189	186	206	274	326	19.0%
중남미	128	159	126	133	138	3.8%
대양주	62	41	72	63	65	3,2%
중동	44	57	39	48	24	△50.0%
아프리카	40	47	27	23	22	△4.3%
합계	3,048	3,215	3,349	3,426	3,540	3.3%

(3) 업종별 동향

① 주요투자업종

• (증감현황) 대규모 투자 등의 영향으로 제조업 부분에서의 투자규모가 큰 폭으로 증가(92.7%)하면서, 2015년 이후 처음으로 금융보험업보다 많은 투자규모를 시현
• 제조업과 금융보험업 앞 투자(각 163.7억 달러 및 162.3억 달러)는 모두 사상 최고치를 기록

〈표 4-4〉 최근 5년간 업종별 해외직접투자 현황

(백만 달러)

구분	2014	2015	2016	2017	2018	
제조업	7,648	8,012	8,222	8,496	16,373	92.7%
금융보험업	4,288	6,988	9,350	13,411	16,233	21.0%
부동산업	3,547	4,316	6,182	3,766	5,076	34.8%
도소매업	1,656	2,290	5,830	9,662	2,426	△74.9%
광업	6,047	3,518	2,937	1,404	2,125	51.4%
투자총계	28,554	30,356	39,592	44,599	49,782	11.6%

② (업종별 신규법인수)

- '18년 신규법인 수는 전년 대비 소폭 증가(3.3%)하였으며 제조업과 금융보험업 비중(각 32.5% 및 21.2%)이 전체 신규법인수의 과반 이상을 차지

〈표 4-5〉 최근 5년간 업종별 신규법인수 현황

(백만 달러)

구분	2014	2015	2016	2017	2018	
제조업	1,194	1,172	1,147	1,110	1,149	4.4%
금융보험업	619	718	766	760	752	△1.1%
부동산업	203	243	230	304	288	△5.3%
도소매업	177	162	178	193	256	32.6%
광업	93	113	156	181	247	46.5%
투자총계	3,048	3,215	3,349	3,426	3,540	3.3%

출처: 한국수출입은행

2) 해외투자 진출 지원 성공사례

(1) 러시아의 가능성에 한국의 기술을 더하다

① 해외진출기업 개요

- 회사명: M사
- 업종(주요 취급품목): 제조업, 유통업(오디오, 내장형 네비게이션, ADAS, IT융합 차량 인포테인먼트 등)
- 진출국가(지역): 러시아(모스크바, 칼리닌그라드)
- 회사개요
  - 2001년 10월 설립된 M사는 차량용 오디오·비디오 및 네비게이션 AVN (Audio·Video·Navigation) 제조 기술로 완성차에 일체화된 디자인과 첨단 사양의 차량용 부품을 제조 및 유통하는 기업이다.
  - 판교에 연구소를 섭립하여 스마트카, 자율주행자동차, 커넥티드 카 및 스마트카의 필수 장치에 해당하는 HUD(head−up display), *ADAS(Advanced Driver Assistance Systems) 등을 개발하고 있다.

– 세계 11개(러시아 포함) 국가에 법인을 운영하고 있으며 2018년 기준 연간 매출액 2,129억 원에 달하고 있으며, 직원 수는 370명에 달한다.

② 해외진출기업 지원 성공사례

가. 해외진출 배경

• M사는 2006년 중동 법인을 필두로 미국, 중국, 러시아, 인도 등 해외 11개 국가에 법인을 설립하여 운영 중이다. 러시아의 경우 2009년 SERVICE CENTER가 설립되었다. 센터를 운영하며 러시아 내수뿐 아니라, 카자흐스탄, 아제르바이잔, 그루지야 등 CIS 국가 대리점들을 대상으로 밀착 품질관리, 서비스 업무를 담당하였다.

• 러시아에 진출하게 된 계기는 러시아는 2014년 서방의 제재 및 원유가 하락 등으로 인한 경기 침체가 지속되자, 경제 위기 탈피를 위해 자국 산업 육성 정책을 적극 추진하기 시작했다. 그중 완성차의 현지화 비율가이드 라인이 발효되었고 이에 대응하기 위해 2018년 MOSCOW 판매사무소와 KLD(Kaliningrad)법인을 설립하게 되었다. 국가별 최적화된 커넥티비티 기술 적용을 위해 각 진출 국가와의 주요 기술 업체와 협업하였던 경험을 살려, 러시아 최대 IT 기업 Y사와 협업을 진행하였다.

• 대다수의 러시아 국민은 실시간 교통정보 및 사고정보를 제공받기 위해 Y사의 개발 어플인 MAP과 NAVI.의 이용률이 90% 이상을 차지한다. 하지만 현지 차량용 내장형 네비게이션들은 Y사 네비게이션 어플을 제공하지 않는다는 데 착안하였다.

• M사는 Y사 AUTOMOTIVE 개발팀과 2년 동안 공동 개발을 진행하고 M-AV(audio & video)에 Y-NAVI 어플리케이션을 적용하는 기술 협력에 성공했다. 이미 러시아 도시별 테스트를 마쳤으며, '19년 8월 러시아 내 국내 브랜드 자동차에 동 제품을 장착하여 판매를 시작하고 있다.

나. KOTRA의 지원내용

• 러시아 시장성을 확인하고 현지 사무소·법인 설립 계획을 세웠으나, 현지 정보가 부족하여 막막한 상황에서 KOTRA모스크바 무역관의 도움을 받아 모스크바 사무소를 설립할 수 있었다.

- 모스크바 무역관을 통해 러시아 국가 정보와 시장 정보를 제공 받아 법인 설립에 대한 기초 작업과 계획을 구체화하였으며, 현지 사무소 및 법인 설립을 대행해주는 업체와 부동산을 소개받아 효율적으로 일을 진행할 수 있었다. 또한 현지 직원 채용에 적극적으로 지원을 해준 덕분에 훌륭한 인재들을 채용할 수 있었다.
- 모스크바 사무소 설립 완료 후 다음 타깃으로 잡은 칼리닌그라드 주의 법인 설립도 KOTRA 상트페테르부르크 무역관의 도움으로 해당 주의 경제특별구역에 입주할 수 있었다. 이를 통해 주정부에서 지원되는 여러 면세 혜택을 받을 수 있는 조건이 갖춰지게 되었으며, 정부 인사들을 소개받아 인적 네트워크를 확장할 수 있었다.
- 이후에도 현지 완성차와의 비즈니스 확장을 위해 KOTRA 무역관에서 유용한 정보를 제공해주고 있어 꾸준한 도움을 받고 있다.
- 러시아 정부의 현지화 정책에 따라 직접 현지 업체를 소싱하거나, M사가 현지에서 가공·제조하여 물품을 납품해야 했는데 현지 업체와 파트너쉽 구축을 통해 발빠르게 대응한 것이 성과로 이어졌으며 이를 바탕으로 현재 추가 소싱 협의를 진행하고 있다.

다. 해외진출 의의, 시사점

- 러시아는 주변 동일 언어권인 CIS 국가들까지 합치면 2억 4천명이 넘는 시장으로, 무궁무진한 잠재성을 갖고 있는 곳이다. 하지만, 특히 자동차 분야에서 매력적인 소비 시장인 모스크바 인근에는 유럽의 대형 업체들뿐만 아니라, 중국의 저가 제품까지 이미 시장에 진입한 상황으로 신규 기업의 시장 초기 진입이 쉽지는 않다.
- M사는 러시아 고객의 니즈를 파악하고 이를 제품에 반영하는 '현지 맞춤형 특화 기술' 개발에 투자했다. 현지 시장 공략을 위해 시장에 대한 분석 및 소비자 맞춤형 기술 개발 등 적극적인 '현지화 전략'이 주효했으며 이를 통해 낯설지만 잠재성이 큰 러시아 시장에 성공적으로 진입할 수 있었다.
- 러시아는 행정은 서류 절차가 복잡하고, 준비와 진행에 많은 시간이 소요되기 때문에 사업을 하기 위해서는 느긋한 마음가짐이 필요하다. 실제로, 법인 설립 준비 시에도 한국에 비해 몇 배나 많은 서류 준비와 처리 시간

이 소요되었다. 그러므로 현지에 법인 또는 영업사무소 설립 시 반드시 현지 전문가나 정부 기관의 도움을 받아 진행하는 것을 추천한다.

- M사는 모스크바 사무소를 설립함으로써 차량용 오디오, 비디오 및 네비게이션뿐만 아니라 자동차 액세서리 등 제품을 러시아, CIS 국가에 효과적으로 마케팅 할 수 있는 발판을 마련할 수 있었다.

(2) 의약품 불모지에서 핀 꽃 현지 파트너와의 협력으로 성공

① 해외진출기업 개요

- 회사명: U제약
- 업종(주요취급품목): 의약품 제조(전문의약품)
- 진출국가(지역): 미얀마(양곤)
- 회사개요:
  - 1987년 12월 3일 설립한 U사는 주요품목으로 항암제(Full Line-up), 개량신약 및 전문의약품을 보유하고 있는 국내 제약사로, 20년간 해외 수출을 통해 국제적인 브랜드 인지도 보유
  - 세계 약 40개국 의약품 전문 파트너를 보유하고 있으며, 동남아시아에는 베트남, 미얀마, 태국, 필리핀, 인도네시아에 네트워크를 보유함. 2018년 기준 2,119억원의 매출 달성

② 해외진출기업 지원 성공사례

가. 해외진출 배경

- 국내에서 발생한 의약분업사태의 영향으로 운영전략을 고심하던 중 글로벌 시장에 눈을 돌리게 되었다. 2000년 한국에서 시행된 의약분업으로 인해 의료계 장기파업 등이 발생하였고 이로 인하여 국내 제약사들의 매출이 급감하는 위기가 찾아왔다.
- 이로 인해 국내시장에 집중하기보다 글로벌 시장 공략을 목표로 하였으며, 당시로서는 미개척 시장인 동남아시아 의약품 시장이 향후 크게 성장할 것으로 판단하여 동남아 제약시장의 거점으로 베트남에 생산공장을 설립하였다.
- 베트남뿐만 아니라 각 국가별로 의약품의 유통을 원활하게 진행하려면 현지의 의약품 유통사와의 관계, 각 국가별로 FDA 인증 등이 중요한데,

이를 위해 필리핀, 미얀마, 태국, 인도네시아 등에 지사 및 연락사무소를 세움으로써 동남아시아의 시장 변화에 빠르게 대응할 수 있었다.

- 2001년에 처음 미얀마 진출을 하였으나 군부의 집권으로 불안정한 정치 상황, 낙후된 제도와 행정절차로 인해 FDA 인증이 늦어지는 등 여러 가지 불편한 사항이 많았다. 반면 의약품과 관련하여 미얀마는 아직 초기단계 시장이었기 때문에 당사가 중견기업임에도 불구하고 미얀마의 대형 의약품 유통사를 만날 수 있는 기회가 있었다. 당사의 제품 우수성을 체험한 바이어와 맺어진 튼튼한 네트워크로 현재까지 미얀마 의약품 시장의 대형 바이어와 돈독한 관계를 형성하고 있다.

- 미얀마의 의료시장 규모는 약 3억 달러(2017년 기준)로 추정되며, 매우 작은 규모이지만 향후 지속적으로 성장할 시장이다. 따라서 당사는 동남아 전체에서 발생률이 높은 '암'을 치료하는 항암제를 위주로 전문의약품과 개량신약의 판매에 주력하였다.

나. KOTRA의 지원내용

- 당사는 양곤무역관과 월드챔프, 선도기업 육성 사업, 한-미얀마 비즈니스 파트너십 등을 진행하였으며, 학회, 세미나, 제품홍보, 고객행사, 바이어발굴, MOU체결 등을 함께하였다.

- 동 사의 신규제품을 KOTRA 양곤무역관에서 2017년 홍보하고 바이어와 미팅을 알선하던 과정 중 미얀마의 의약품 유통 주요기업인 K사를 만나게 되었으며, K사가 제품에 관심을 가져 2017년도 초반부터 2018년도까지 수차례 미팅을 진행하였다.

- K사와 미팅을 진행하면서 처음에는 당사의 제품에 대한 이해 및 바이어의 상황과 제품이 맞지 않는 부분 등이 있었으나, KOTRA 양곤무역관의 지속적인 미팅 및 지원으로 인하여 K사가 당사의 제품을 이해하고 관계를 형성해 나가는 데 큰 힘이 되었다.

- 2018년도 초에는 미얀마 의약품 관련 가장 큰 학회에 참가하여 홍보를 하였으며, 2018년도 중반 미얀마 양곤에서 열린 '제50차 미얀마 정형외과 학회', '제38차 아세안 정형외과 회의'에도 적극 참가하여 네트워크 형성뿐만 아니라 제품에 대한 이해와 홍보에 지속적인 노력을 하였다.

- 2019년 9월 국빈방문 시 진행한 한-미얀마 비즈니스 파트너십 행사에서

당사는 그동안 학회 및 고객행사를 통해 지속적인 네트워크를 형성하였던 H사와 항암제 관련해 3년간 100만 달러 규모의 수출 계약을 체결하는 성과를 거두었다.

다. 해외진출 의의, 시사점

• 2001년부터 미얀마 시장에 진출한 U제약은 초기진출의 이점을 활용하여 현재는 접촉하기도 힘든 미얀마의 대형 의약품 유통기업과 튼튼한 네트워크를 구축할 수 있었으며, 현재도 그 관계는 흔들리지 않고 있다. KOTRA 양곤무역관은 신약을 유통할 수 있는 당사와의 네트워크가 없었던 새로운 기업들과의 매칭에 주로 힘썼는데 이에 대한 전략은 적중하였다.

• 미얀마 의약품시장은 규모가 작지만 잠재력이 높고 꾸준히 성장하고 있는 시장이었기 때문에 비록 몇 년 전에는 규모가 작고 관심조차 없던 바이어들이 금년도나 내년에는 어떻게 성장할지 예상할 수 없었다. 그런 이유로 미얀마 현지에서 기업들과 네트워킹을 유지 및 향상하고 주요 상황을 정확하게 접할 수 있는 무역관의 역할은 매우 중요하다.

• 해외 진출 시 비용과 시간을 아끼지 않은 동사의 노력과 KOTRA 양곤무역관의 적극적 지원 및 홍보 등의 활동이 결실로 나타나며 미얀마 의약품 유통사에서 점점 당사에 대한 네임밸류가 높아지고 있다.

(3) 정확한 예측과 신속한 투자, 과감한 기술투자로 살아남다

① 해외진출기업 개요
• 회사명: K사
• 업종(주요취급품목): 제조(패키징, 특수용지, 상업용 인쇄물 등)
• 진출국가(지역): 베트남(하노이)
• 회사개요:
  - 해당 기업은 1962년에 설립되었으며, 1987년 국내 최초로 맥킨토시 전자출력 시스템 구현, 1997년 국내 최초 8색 인쇄기를 도입하는 등 인쇄분야에 있어 기술선도 기업임.
  - 2,000년 홍콩법인 설립을 시작으로 2001~2004년 중국 혜주, 청도, 천진에 3개의 공장을 설립하였으며, 2009년 베트남에 생산법인을 설립하였음. 이후 베트남 내 생산능력 증대 필요로 인해 추가적인 투자(공장증설

및 신공장 건설)를 진행하였음.

- 현재 총 7개의 생산 법인 운영. 패키징, 프린팅, 보안용지 등 삼성전자, 스타벅스, 담배인삼공사, JVC 등 다수의 고객사를 확보하고 있으며 연간 1억개 이상의 생산 능력 보유, 2013년 연매출 1천억원을 돌파

② 해외진출기업 지원 성공사례

가. 해외진출 배경

• 2000년대 들어 거래하던 주요 기업들이 중국으로 사업장을 옮김에 따라 그들과의 동반진출 형태로 시작된 해외사업은 2008년 삼성전자의 베트남 진출로 인해 커다란 변화를 맞이하게 되었다. 당시 중국내 혜주, 청도, 천진 공장의 생산능력과 경영상황을 고려하였을 때 베트남 진출은 시기상조라는 내부의 분위기도 있었다. 그러나 신사업에 대한 열망과 도전정신은 어려울때 빛을 발하였으며 신속한 베트남 투자를 결정하게 되었다.

• 당시만 하더라도 베트남 투자진출은 성공을 담보할 수 없는 불안정한 시장으로 인식되었던 바, 다수의 경쟁업체들은 베트남 투자를 적극적으로 고려하지 않았던 것에 비해, 동사는 베트남을 또다른 기회의 땅으로 여겼으며, 선재적인 투자와 현지화 노력 없이는 경쟁력도 없다는 판단하에 적극적인 투자진출을 하게 되었다.

나. KOTRA의 지원내용

• 최초 베트남 투자를 마음먹은 후 제일 먼저 찾아간 곳은 KOTRA였다. KOTRA는 중국 투자 시에도 신뢰성 있는 정보와 현지 네트워크 기회를 제공해 주었고, 그러한 점이 성공적인 중국 진출에 큰 힘이 되었기 때문이다.

• 베트남 출장 이전부터 지속적으로 KOTRA 하노이 무역관 담당자와 연락을 주고받으며 투자에 필요한 기본 정보들을 파악하기 시작하였다. 중국에서의 투자 및 경영노하우가 있었기에 큰 어려움은 없을 것이라는 생각을 하였으나 실제 접하는 베트남은 중국과는 또 다른 곳이었다.

• 당시 베트남은 이제 막 한국의 대기업이 들어오던 시기로 아직까지 외국인 투자에 대한 인식이 상당히 부족하였으며, 기본적인 정보의 부재와 함께 산업 인프라도 제대로 갖추어져 있지 않는 등 상당히 열악한 환경의

시장이었다.

- K사의 베트남 진출은 현재에 이르기까지 KOTRA의 도움이 절대적이었다고 해도 과언이 아닐 것이다. 기본적인 투자환경 조사에서부터 공장임대, 인력채용, 원부자재 공급사, 지방 정부와의 대면, 여러 가지 인허가까지 어느 것 하나 도움을 받지 않은 것이 없다고 할 수 있다. 어떻게 보면 작은 부분일 수 있지만, 이러한 모든 것들에는 엄청난 인력과 시간, 비용이 들어가기 때문에 사실상 기업의 초기 투자 단계에서는 많은 부담이 되는 것이 사실이다.

- 기업의 경쟁력은 여러 가지 요인에서 나타나지만 베트남과 같은 시장에서는 경영의 불안전성을 조기에 얼마나, 어떻게 제거하느냐가 성패를 가를 만큼 중요한 요인이라 하겠다.

- 물론 진출 초기 현지 기업들의 텃세, 불합리한 행정체계, 현지 직원들의 업무방식 차이 등 많은 어려움을 겪었던 것도 사실이다. 그럼에도 불구하고 베트남 사업을 더욱 적극적으로 추진할 수 있었던 이유는 현지의 아주 우수한 노동력, 풍부한 판매처, KOTRA와 같은 정부기관의 적극적인 지원 등의 요인들이 더욱 많았기 때문이라 생각한다.

- K사는 2009년부터 2019년까지 베트남 법인의 고용 노동자 수가 약 1,500명까지 증가하였으며 투자금액은 3백만 달러에서 36백만 달러로 확대되었다. 매출액은 10년 전에 비해 약 5배 이상 비약적으로 증가하였으며, 베트남 공장의 전체 생산시설 면적은 약 70,000㎡로 베트남에 진출한 인쇄 관련 업종 기업들 중 가장 큰 투자규모를 자랑하고 있다.

다. 해외진출 의의, 시사점

- 베트남은 약 1억명의 인구를 보유하고 있으며, 여러 소비재 제품의 판매가 급속히 증가하고 있고, 특히 값싼 양질의 노동력이 가장 큰 매력이라 생각되는 나라이다. 당 사가 투자한 하남성의 임금 수준은 중국 공장의 약 60% 수준이며, 교육수준도 최소 고등학교를 졸업한 양질의 인력이었다. 또한 유교 중심의 국가답게 상관에 대한 예의나 어른을 공경하는 자세 등도 한국기업이 경영하기에 아주 중요한 요소로 판단되었다.

- 그러나 베트남 내수시장은 로컬 기업들의 저비용 단가에 밀려 당사가 진입하기에 결코 쉬운 곳이 아니었으며, 경제 발전에 따라 좀 더 고급화된

기술을 필요로 하는 것은 당연하며, 실제 최근 베트남의 인쇄, 패키징 제품의 높은 퀄리티 수요가 빠른 속도로 증가하고 있는 상황이다.

- 이를 위해서는 기술적인 발전이 이루어져야 하며, 설비의 선제적인 투자를 통한 경쟁력을 확보하여야 한다. 때문에 남들이 보기에는 무리한 투자, 시기상조라 보일 수 있으나 빠른 결단을 통한 신속한 투자, 기술적 우위를 확보하기 위한 선행 투자를 진행함으로써 경쟁력을 확보할 수 있다고 생각한다.

- 현장에서 본 베트남의 투자환경과 발전 가능성, 정부의 정책, 한국기업들의 경영상황을 감안할 때 장기적인 측면에서 베트남은 충분히 중국을 대체할 수 있고 나아가 제1의 생산기지가 될 잠재력을 가지고 있다고 평가할 수 있다(자료원: kotra).

자본시장법상
글로벌투자
규제 및 유의사항

해외 금융투자상품 투자에 대한 규제

1) 관련 규정

[자본시장법]

제166조(장외거래) 거래소시장 또는 다자간매매체결회사 외에서 금융투자상품을 매매, 그 밖의 거래를 하는 경우 그 매매, 그 밖의 거래방법 및 결제의 방법 등 필요한 사항은 대통령령으로 정한다.

[자본시장법 시행령]

제184조(해외시장 거래 등) ① 법 제166조에 따라 일반투자자(금융위원회가 정하여 고시하는 전문투자자를 포함한다)는 해외 증권시장이나 법 제5조제2항제2호에 따른 해외 파생상품시장(이하 "해외 파생상품시장"이라 한다)에서 외화증권 및 장내파생상품의 매매거래(외국 다자간매매체결회사에서의 거래를 포함한다. 이하 이 조에서 같다)를 하려는 경우에는 투자중개업자를 통하여 매매거래를 하여야 한다.

② 투자중개업자가 제1항에 따른 일반투자자로부터 해외 증권시장 또는 해외 파생상품시장에서의 매매거래를 수탁하는 경우에는 외국 투자중개업자 등에 자기계산에 의한 매매거래 계좌와 별도의 매매거래 계좌를 개설하여야 한다.

③ 해외 증권시장과 해외 파생상품시장에서의 매매에 관한 청약이나 주문의 수탁, 결제, 체결결과 및 권리행사 등의 통지, 그 밖에 투자매매업자·투자중개업자의 외화증권 및 장내파생상품의 국내 거래에 관하여 필요한 사항은 금융위원회가 정하여 고시한다.

2) 장외거래

- 자본시장법 제166조에 따른 장외거래
- 지역적으로: 국내 거래소시장 및 다자간매매체결회사 외 거래는 모두 장외거래

국내	국외
거래소시장 內	해외거래소시장 內
거래소시장 外	해외거래소시장 外

- 거래대상: 금융투자상품
- 거래내용: 매매, 그 밖의 거래
- 거래주체: 제한 ×

[자본시장법 시행령 제184조에서 규제하는 장외거래]

- 지역적으로: 해외 증권시장 or 해외 파생상품시장(외국 다자간매매체결회사 포함)

국내	국외
거래소시장 內	해외거래소시장 內
거래소시장 外	해외거래소시장 外

- 거래대상: 외화증권 및 장내파생상품
- 거래내용: 매매
- 거래주체: 일반투자자(≠기관투자자)

3) 일반투자자의 투자에 대한 규제

[일반투자자]

- 자본시장법 제9조 제6항에 따른 일반투자자
- 금융투자업감독규정 제5-31조 제1항이 정하는 전문투자자: 외국환거래규정 제1-2조 제4호에 따른 기관투자자*에 해당하지 않는 전문투자자를 말함

  * 외국환거래규정 제1-2조 제4호에 따른 기관투자자

- 자본시장법 시행령 제10조 제2항의 금융기관(외국 금융기관 제외) 및 집합투자기구
- 자본시장법 시행령 제10조 제3항 제3호, 제12호, 제13호의 자
- 외국환거래법 시행령 제7조 제4호에 따른 체신관서

[해외 증권시장 또는 해외 파생상품시장에서의 외화증권 등의 매매거래]
- 해외 증권시장: 증권시장과 유사한 시장으로서 해외에 있는 시장
- 해외 파생상품시장: 파생상품시장과 유사한 시장으로서 해외에 있는 시장 & 다음의 파생상품거래가 이루어지는 시장
  - 런던금속거래소의 규정에 따라 장외에서 이루어지는 금속거래
  - 런던귀금속시장협회의 규정에 따라 이루어지는 귀금속거래
  - 미국선물협회의 규정에 따라 장외에서 이루어지는 외국환거래
  - 선박운임선도거래업자협회의 규정에 따라 이루어지는 선박운임거래
  - 대륙간 거래소의 규정에 따라 장외에서 이루어지는 에너지거래
  - 일본 금융상품거래법에 따라 장외에서 이루어지는 외국환거래
  - 유럽연합의 금융상품시장지침에 따라 장외에서 이루어지는 외국환거래
  - 영국 금융감독청의 업무행위감독기준에 따라 장외에서 이루어지는 외국환거래
- 외국 다자간매매체결회사에서의 거래를 포함

[투자중개업자를 통한 매매거래]
- 투자중개업자는 외국 투자중개업자 등에 자기계산에 의한 매매거래 계좌와 별도의 매매거래 계좌를 개설
- 투자중개업자의 매매주문 수탁 시 준수사항
- 투자중개업자는 외화증권 매매성립 결과를 확인한 경우 지체 없이 당해 일반투자자, 예탁결제원 및 외국환은행에 대금 인수도, 외화결제금액 등을 통지
- 투자중개업자는 예탁결제원에 외화증권예탁계좌를 개설하여 일반투자자가 취득한 외화증권을 자기자산과 구별하여 예탁, 예탁원은 외국보관기관을 선임하여 투자중개업자로부터 예탁받은 외화증권을 예탁하여 매매거래의 결제, 권리행사 등을 처리

- 결제는 예탁결제원을 통해 처리
  - 투자매매업자 또는 투자중개업자는 일반투자자의 외화증권 권리행사를 일반투자자에게 통지하고 권리행사 여부를 예탁결제원에 통지하여야 함

4) 기관투자자의 투자에 대한 규제

- 특별한 제한이 없음. 국내 또는 외국의 증권회사 등을 통해 별도의 신고 등 절차 없이(외국환거래법령에 따른 외국환거래신고 제외) 해외 금융투자상품 매매 가능
- 직접 해당 투자지역의 보관기관이나 국제증권보관기관(global custodian) 또는 국제예탁결제기관(international central securities depository)을 이용하여 매매거래를 결제하고 취득한 증권을 보관, 관리

유권해석 사례

Q. 한국인이 미국증권사 계좌개설 후 한국에서 인터넷으로 미국증권거래가 가능한지?

A. 일반투자자가 해외 증권시장에서 외화증권을 매매하려면 국내에서 투자중개업 인가를 받은 증권회사 등을 통하여 매매거래를 하여야 하며, 국내에 투자중개업 인가가 없는 미국증권사에 직접 계좌를 개설하여 미국 증권시장에서 증권을 매매할 수 없음

Q. 파생상품 투자를 하려고 하는 인도 파생상품 시장이 "파생상품시장과 유사한 시장으로서 해외에 있는 시장" 등에 해당하여 국내 투자중개업자를 통하여 매매거래를 해야 하는지?

A. 인도 파생상품시장은 자본시장법 및 같은 법 시행령에서 말하는 "해외 파생상품시장"에 해당하지 않음

Q. 투자자가 해외에 나가서 해외의 금융서비스를 이용하는 경우 자본시장법령의 적용대상이 되는지?

A. 이 경우 자본시장법이 적용된다고 보기 어려움

Q. 해외 금융상품 투자를 위해 투자자로부터 주문을 접수하는 업무를 해외 금융투자업자 등에게 위탁할 수 있는지?

A. 자본시장법은 국내 일반투자자가 해외 금융투자상품을 거래하는 경우 국내 금융투자업자를 통하도록 하고 있음. 이는 해외 금융투자상품 거래 과정에서 발생할 수 있는 불완전판매나 기타 분쟁에 있어 국내 투자자가 해외 금융투자업자를 직접 상대해야 하는 부

담을 없애고, 투자자의 권익을 보다 두텁게 보호하기 위한 취지임. 이런 점을 감안할 때, 해외 증권 또는 파생상품 거래에 있어 국내 투자중개업자는 업무위탁의 유무와 관계 없이 국내 투자자 보호를 위한 모든 법적 책임을 부담하여야 할 것임

Q. (i) 투자자가 국내 투자중개업자를 통하지 않고 직접 외국 투자중개업자를 통해 외화증권(또는 해외 파생상품)을 매매하고, 국내 투자중개업자가 그 체결내역만을 받아 국내에 개설된 투자자 계좌에 반영하는 경우 자본시장법 시행령 제184조 제1항에 위반되는지, (ii) 위 업무형태에 관하여 자본시장법 시행령 제47조 제1항 제2호 라목의 "매매주문의 접수, 전달, 집행 및 확인업무"를 자본시장법 제42조에 따라 위탁하여 처리하는 것으로 볼 수 있는지 여부

A. 투자자가 직접 외국 투자중개업자를 통해 외화증권 등을 매매하고 국내 투자중개업자는 그 체결내역만을 받아 국내 투자자 계좌에 반영하는 업무를 하는 경우, 이를 국내 투자중개업자가 자본시장법 제42조에 따라 "매매주문의 접수, 전달, 집행 및 확인업무"를 (외국 투자중개업자에게) 위탁하여 처리한 것으로 보기 어려움. 위 거래방식에 따르면 국내 투자중개업자는 원주문 내용을 직접 확인할 수 없는데, 주문정보에 대한 위탁자의 접근이 제한되는 이 같은 거래관계를 정상적인 위수탁 관계로 보기는 어려운 것으로 판단됨

Q. 국내 법인이 해외 상장회사 주식을 제3자 배정 신주인수 방식으로 취득하는 경우, 동 신주인수 거래 및 자금의 송금이 반드시 국내 투자중개업자를 통해 이루어져야 하는지 여부(발행 예정 신주는 아직 해외 증권시장에 상장되지 않아 해외 증권시장에서 이루어지는 매매가 아님)

A. 일반투자자가 해외 증권시장이나 해외 파생상품시장에서 외화증권 및 장내파생상품의 매매거래를 하려는 경우에는 국내 투자중개업자를 통하여 매매거래를 하여야 하나, 본건 거래와 같이 해외 장외에서 이루어지는 거래의 경우까지 반드시 국내 투자중개업자를 경유할 의무는 없음

02 외국 투자매매업자 등의 인가 요건

1) 관련 규정

[자본시장법]

제11조(무인가 영업행위 금지) 누구든지 이 법에 따른 금융투자업인가(변경인가를 포함한다)를 받지 아니하고는 금융투자업(투자자문업, 투자일임업 및 전문사모집합투자업은 제외한다. 이하 이 절에서 같다)을 영위하여서는 아니 된다.

제12조(금융투자업의 인가) ① 금융투자업을 영위하려는 자는 다음 각 호의 사항을 구성요소로 하여 대통령령으로 정하는 업무 단위(이하 "인가업무 단위"라 한다)의 전부나 일부를 선택하여 금융위원회로부터 하나의 금융투자업인가를 받아야 한다.

제7조(금융투자업의 적용배제) ① 자기가 증권을 발행하는 경우에는 투자매매업으로 보지 아니한다. 다만, 다음 각 호의 어느 하나에 해당하는 증권은 그러하지 아니하다

⑥ 제1항부터 제5항까지 규정된 것 외에 다음 각 호의 어느 하나에 해당하는 경우에는 대통령령으로 정하는 바에 따라 제6조제1항 각 호의 금융투자업으로 보지 아니한다.

2. 투자매매업자를 상대방으로 하거나 투자중개업자를 통하여 금융투자상품을 매매하는 경우

4. 그 밖에 해당 행위의 성격 및 투자자 보호의 필요성 등을 고려하여 금융투자업의 적용에서 제외할 필요가 있는 것으로서 대통령령으로 정하는 경우

[자본시장법 시행령]

제7조(금융투자업의 적용배제) ④ 법 제7조제6항제4호에서 "대통령령으로 정하는 경우"란 다음 각 호인 경우를 말한다.

6. 외국 투자매매업자나 외국 투자중개업자가 국외에서 다음 각 목의 어느 하나에 해당하는 행위를 하는 경우

　가. 투자매매업자를 상대방으로 하여 금융투자상품을 매매하거나 투자중개업자를 통하여 금융투자상품의 매매를 중개·주선 또는 대리하는 행위

　나. 국내 거주자(투자매매업자 및 투자중개업자는 제외한다. 이하 이 목에서 같다)를 상대로 투자권유 또는 법 제57조에 따른 투자광고(이하 "투자광고"라 한다)를 하지 아니하고 국내 거주자의 매매에 관한 청약을 받아 그 자를 상대방으로 하여 금융투자상품을 매매하거나 그 자의 매매주문을 받아 금융투자상품의 매매를 중개·주선 또는 대리하는 행위

6의2. 외국 투자신탁(법 제279조제1항에 따른 외국 투자신탁을 말한다. 이하 같다)이나 외국 투자익명조합(법 제279조제1항에 따른 외국 투자익명조합을 말한다. 이하 같다)의 외국 집합투자업자(법 제279조제1항에 따른 외국 집합투자업자를 말한다. 이하 같다) 또는 외국 투자회사등(법 제279조제1항에 따른 외국 투자회사등을 말한다. 이하 같다)이 다음 각 목의 기준을 모두 갖추어 외국 집합투자증권(법 제279조제1항에 따른 외국 집합투자증권을 말한다. 이하 같다)을 국내에서 판매하는 경우

　가. 해당 외국 집합투자증권에 그 집합투자기구 자산총액의 100분의 100까지 투자하는 집합투자기구(투자신탁 또는 투자익명조합의 경우 그 집합투자재산을 보관·관리하는 신탁업자를 포함한다)에 대하여 판매할 것

　나. 해당 외국 집합투자증권을 발행한 외국 집합투자기구(법 제279조제1항에 따른 외국 집합투자기구를 말한다. 이하 같다)는 제80조제1항제6호가목에 따라 그 집합투자재산을 외화자산에 100분의 70 이상 운용하는 것으로서 법 제279조제1항에 따라 등록한 외국 집합투자기구일 것

2) 제6호에 따른 금융투자업 인가 배제 요건

- 외국 투자매매업자 또는 외국 투자중개업자
  - 외국 집합투자업자는 해당되지 않음
- 국외에서의 행위
- 국내 거주자
  - 자본시장법상 "국내 거주자"에 대한 정의를 두고 있지 않음
  - 외국환거래법에 따른 "거주자"와 동일한 의미인 것으로 보임(증발공 제 2-2조의2)
- 투자권유
  - 특정 투자자를 상대로 금융투자상품의 매매 또는 투자자문계약 투자일임계약 신탁계약(관리형신탁계약 및 투자성 없는 신탁계약 제외)의 체결을 권유하는 것
- 투자광고
  - 자본시장법 제57조 제1항은 "금융투자업자의 영업행위 또는 금융투자상품에 관한 광고"로 정의. 그러나 "광고"의 의미에 대해서는 정의를 두고 있지 않음
  - 학설에서는 "금융투자업자가 불특정 다수를 상대로 영위 업무 또는 금융투자상품에 관하여 투자를 권유하거나 안내하는 광고"라고 함(정순섭, 김민교, 온주 자본시장법 제57조)
  - 금투협의 『금융투자회사의 영업 및 업무에 관한 규정』

제2-35조(투자광고의 정의) ① 이 장에서 "투자광고"란 금융투자회사가 불특정 다수인에게 금융투자상품이나 금융투자회사 또는 그 영위업무를 널리 알리는 행위를 말한다.

② 제1항에도 불구하고 다음 각 호의 어느 하나에 해당하는 것은 투자광고로 보지 아니한다.

1. 법 제71조제2호에 따른 조사분석자료 등 관계법규에 따라 작성된 자료를 제공하는 행위
2. 다음 각 목의 어느 하나에 해당하는 단순한 정보를 제공하는 행위
   가. 금융투자회사의 명칭, 로고, 주소·연락처, 인터넷 홈페이지 주소,

시스템 이용방법, 업무절차 등에 관한 정보

나. 설명회·세미나 개최 안내

다. 투자유인 문구나 구체적인 추천 상품명이 포함되지 않는 시황·업황의 분석 및 전망

라. 금융투자회사가 운용 또는 판매중인 전체 금융투자상품 또는 금융투자회사의 전체 영위업무에 관한 목록·편람으로서 투자유인 문구를 포함하지 않은 것

마. 관계법규 제정 및 개정 등에 따른 제도의 변경 안내

3. 특정 금융투자상품에 투자하고 있는 투자자에게 해당 금융투자상품에 관한 현황이나 수익률 등의 정보를 제공하는 행위

4. 금융투자회사가 운용 또는 판매중인 금융투자상품의 보수·수수료, 수익률 및 포트폴리오 내역 등에 관한 정보를 해당 금융투자회사의 인터넷 및 모바일 홈페이지를 통해 정형화된 형태로 제공하는 행위(객관적 통계를 기초로 추출한 정보를 보여주면서 선정기준 및 정렬기준을 함께 표시하는 경우를 포함한다)

3) 제6호의2에 따른 금융투자업 인가 배제 요건

- 외국 집합투자업자 등
- 국내에서의 판매
  - 국내에서 투자권유 또는 투자광고를 하였는지 여부에 따라 판단
  - 국내에서의 판매가 아니면, 투자매매업 인가, 외국 집합투자기구 등록, 투자중개업자를 통한 판매 불필요
- 국내 집합투자기구에 판매
- 해당 외국 집합투자기구 요건
  - 자산의 70% 이상 "외화자산"에 운용, 금융위 등록
  - "외화자산": 외국에서 발행 또는 창설되거나 유통되는 자산 및 이와 비슷한 자산

03 외국 집합투자기구의 등록 등

1) 관련 규정

[자본시장법]

제279조(외국 집합투자기구의 등록 등) ① 외국 투자신탁(투자신탁과 유사한 것으로서 외국 법령에 따라 설정된 투자신탁을 말한다. 이하 같다)이나 외국 투자익명조합(투자익명조합과 유사한 것으로서 외국 법령에 따라 설립된 투자익명조합을 말한다. 이하 같다)의 외국 집합투자업자(외국 법령에 따라 집합투자업에 상당하는 영업을 영위하는 자를 말한다. 이하 같다) 또는 외국 투자회사등(외국 법령에 따라 설립된 투자회사등을 말한다. 이하 같다)은 외국 집합투자증권(집합투자증권과 유사한 것으로서 외국 법령에 따라 외국에서 발행된 것을 말한다. 이하 같다)을 국내에서 판매하고자 하는 경우에는 해당 외국 집합투자기구(집합투자기구와 유사한 것으로서 외국 법령에 따라 설정·설립된 것을 말한다. 이하 같다)를 금융위원회에 등록하여야 한다.

② 외국 투자신탁이나 외국 투자익명조합의 외국 집합투자업자 또는 외국 투자회사등은 제1항에 따라 외국 집합투자기구를 등록하고자 하는 경우 대통령령으로 정하는 외국 집합투자업자 적격 요건 및 외국 집합투자증권 판매적격 요건을 갖추어야 한다. 이 경우 전문투자자 중 대통령령으로 정하는 자만을 대상으로 외국 집합투자증권을 판매하고자 하는 경우에는 외국 집합투자업자 적격 요건 및 외국 집합투자증권 판매적격 요건을 달리 정할 수 있다.

③ 제182조제2항부터 제9항까지의 규정은 제1항에 따른 외국 집합투자기구의 등록에 관하여 준용한다. 이 경우 같은 조 제2항제2호 중 "이 법"은

"외국 집합투자기구가 설정·설립된 국가의 법"으로 본다.

제280조(외국 집합투자증권의 국내판매) ① 외국 투자신탁이나 외국 투자익명조합의 외국 집합투자업자 또는 외국 투자회사등은 외국 집합투자증권을 국내에서 판매하는 경우에는 투자매매업자 또는 투자중개업자를 통하여 판매하여야 한다.

② 외국 집합투자업자는 제88조에 따른 자산운용보고서를 작성하여 3개월마다 1회 이상 해당 외국 집합투자기구의 투자자에게 제공하여야 한다.

③ 투자자는 외국 투자신탁이나 외국 투자익명조합의 외국 집합투자업자, 외국 투자회사등 또는 외국 집합투자증권을 판매한 투자매매업자 또는 투자중개업자에 대하여 영업시간 중 이유를 기재한 서면으로 그 투자자에 관련된 집합투자재산에 관한 장부·서류로서 대통령령으로 정하는 장부·서류의 열람이나 등본 또는 초본의 교부를 청구할 수 있으며, 외국 투자신탁이나 외국 투자익명조합의 외국 집합투자업자, 외국 투자회사등 또는 외국 집합투자증권을 판매한 투자매매업자 또는 투자중개업자는 대통령령으로 정하는 정당한 사유가 없는 한 이를 거절하지 못한다.

④ 외국 투자신탁이나 외국 투자익명조합의 외국 집합투자업자 또는 외국 투자회사등은 해당 외국 집합투자증권의 기준가격을 매일 공고·게시하여야 한다. 다만, 기준가격을 매일 공고·게시하기 곤란한 경우 등 대통령령으로 정하는 경우에는 해당 집합투자규약에서 기준가격의 공고·게시기간을 15일 이내의 범위에서 별도로 정할 수 있다.

⑤ 외국 집합투자증권의 국내 판매와 관련하여 판매방법, 보고서 제공, 그 밖에 필요한 사항은 대통령령으로 정한다.

2) "국내에서 판매" 요건

- 자본시장법 제279조 및 제280조는 외국 집합투자증권을 "국내에서 판매"하는 경우에 적용됨. 따라서 "국내에서 판매"되는 경우가 아니면 적용이 없음
- 학설에서는 "'국내에서의 판매' 행위의 정확한 개념정의는 없으나, 적어도 투자권유 즉, 특정 투자자를 상대로 금융투자상품의 매매를 권유하는 것을 말한다고 볼 수 있고(법 제9조 제4항), 투자권유가 없는 경우에는 외국 집합

투자증권에 투자를 하는 경우라도 본조항에 따른 외국 집합투자증권 등록 의무가 적용되지 않는다고 보는 것이 타당하다."(이진, 정은집, 온주 자본시장법 제279조)

3) 외국 집합투자기구의 등록 요건

- 집합투자재산을 운용하는 집합투자업자, 그 재산을 보관, 관리하는 신탁업자 등이 업무정지기간 중에 있지 아니할 것
- 집합투자기구가 해당 기구가 적법하게 설정, 설립되었을 것
- 집합투자규약이 법령을 위반하거나 투자자의 이익을 명백히 침해하지 아니할 것

4) 외국 집합투자업자의 적격 요건

자본시장법 제301조 제1항 제1호

5) 외국 집합투자증권의 적격 요건

자본시장법 제301조 제1항 제2호 및 금융투자업규정 [별표19]

6) 외국 집합투자업자의 인가 요부

[자본시장법]

제11조(무인가 영업행위 금지) 누구든지 이 법에 따른 금융투자업인가(변경인가를 포함한다)를 받지 아니하고는 금융투자업(투자자문업, 투자일임업 및 전문사모집합투자업은 제외한다. 이하 이 절에서 같다)을 영위하여서는 아니 된다.

제7조(금융투자업의 적용배제) ① 자기가 증권을 발행하는 경우에는 투자매매업으로 보지 아니한다. 다만, 다음 각 호의 어느 하나에 해당하는 증권은 그러하지 아니하다

⑥ 제1항부터 제5항까지 규정된 것 외에 다음 각 호의 어느 하나에 해당하는 경우에는 대통령령으로 정하는 바에 따라 제6조제1항 각 호의 금융투자업으로 보지 아니한다.

2. 투자매매업자를 상대방으로 하거나 투자중개업자를 통하여 금융투자상품을 매매하는 경우

4. 그 밖에 해당 행위의 성격 및 투자자 보호의 필요성 등을 고려하여 금융투자업의 적용에서 제외할 필요가 있는 것으로서 대통령령으로 정하는 경우

[자본시장법 시행령]

제7조(금융투자업의 적용배제) ④ 법 제7조제6항제4호에서 "대통령령으로 정하는 경우"란 다음 각 호인 경우를 말한다.

6의2. 외국 투자신탁(법 제279조제1항에 따른 외국 투자신탁을 말한다. 이하 같다)이나 외국 투자익명조합(법 제279조제1항에 따른 외국 투자익명조합을 말한다. 이하 같다)의 외국 집합투자업자(법 제279조제1항에 따른 외국 집합투자업자를 말한다. 이하 같다) 또는 외국 투자회사등(법 제279조제1항에 따른 외국 투자회사등을 말한다. 이하 같다)이 다음 각 목의 기준을 모두 갖추어 외국 집합투자증권(법 제279조제1항에 따른 외국 집합투자증권을 말한다. 이하 같다)을 국내에서 판매하는 경우

가. 해당 외국 집합투자증권에 그 집합투자기구 자산총액의 100분의 100까지 투자하는 집합투자기구(투자신탁 또는 투자익명조합의 경우 그 집합투자재산을 보관·관리하는 신탁업자를 포함한다)에 대하여 판매할 것

나. 해당 외국 집합투자증권을 발행한 외국 집합투자기구(법 제279조제1항에 따른 외국 집합투자기구를 말한다. 이하 같다)는 제80조제1항제6호가목에 따라 그 집합투자재산을 외화자산에 100분의 70 이상 운용하는 것으로서 법 제279조제1항에 따라 등록한 외국 집합투자기구일 것

유권해석 사례

Q. 미국 자산운용사의 사모펀드를 국내 자산운용사에 위탁 계약하여 간접 판매할 수 있는지?

A. 외국 집합투자업자는 외국 펀드를 국내 투자매매업자 또는 투자중개업자를 통하여 국내에서 판매하는 것이 가능하며, 이 경우 해당 외국 펀드는 자본시장법령에 따른 등록 요건(외국 집합투자업자 적격요건, 외국 집합투자증권 판매적격요건 등)을 족하여야 함

Q. 투자일임재산을 통해 금융위에 미등록한 해외상장 ETF에 투자하는 것이 가능한지?

A. 국외에서 직접 펀드를 매매하는 등 국내에서 판매가 이루어지지 않은 경우에는 해당펀드에 대해 등록의무가 부여되는 것은 아님

Q. 국내 법인고객은 외국에 설립된 리츠사가 현지 법규에 따라 신규로 발행하는 주식(우선주 포함)을 청약하여 취득하는 거래를 하고자 하는바, 위 고객의 요청에 따라 단순 청약의 중개를 하는 행위가 자본시장법 제279조 및 제280조에 해당되어 해당 리츠를 등록해야 하는지?

A. 자본시장법 제279조 제1항에 따르면 외국 집합투자업자는 외국투자신탁을 "국내에서 판매하고자 하는 경우 "해당 외국 집합투자기구를 금융위원회에 등록해야 하며, 제280조 제1항에서는 "국내 판매 시" 투자매매업자 또는 투자중개업자를 통해 판매해야 한다고 규정하고 있음. 해외 주식시장에 상장된 리츠는 외국투자신탁이며, 이를 운용하는 자는 외국 집합투자업자에 해당함. 다만, 해당 리츠에 대해 외국 집합투자업자가 국내에서 투자권유 및 투자광고를 하지 않은 상황에서 국내 투자자가 직접 해당 리츠에 대한 정보를 취득하여 청약을 하려는 행위는 "외국 집합투자업자가 외국투자신탁을 국내에서 판매하는 행위"로 볼 수 없어, 자본시장법 제279조 및 제280조의 적용대상이 아닌 것으로 판단됨

해외직접투자
신고 절차 및 국가별 현지
진출절차 주요내용

01 해외직접투자 신고 절차

1. 신고와 신고수리

(1) 신고

외국환거래 당사자가 소정의 신고서에 당해 외국환거래 등의 사유와 금액을 입증하는 서류를 첨부하여 신고기관에 제출하는 행위로 신고를 받은 기관은 당해 거래 등이 신고 대상 여부 및 신고서 기재사항 등을 확인한 후 업무를 처리하는 것

(2) 신고수리

외국환거래 당사자가 외국환업무취급기관 앞 신고서에 당해 외국환거래 등의 사유와 금액을 입증하는 서류를 제출하는 경우 관련 외국환거래법령 및 규정 등에 명기된 요건에 적정하다고 인정되는 경우 업무 처리를 진행하는 것
➡ 현재 신고수리업무는 해외부동산 취득 업무만 해당됨: 외국환거래법 시행령 제32조제3항, 절차는 외국환거래법 시행령 제32조제4항 내지 제7항

2. 신고업무(신고수리업무 포함)

• 신고는 당해 행위 또는 거래를 개시하기 전에 이루어져야 함
• 외국환거래규정 제4장 지급과 수령: 제4-2조(지급등의 절차) ②항 지급등*[주1]을 하고자 하는 자는 당해 지급등을 하기에 앞서 당해 지급등 또는 그 원인이 되는 거래, 행위가 법, 영, 이 규정 및 타법령 등에 의하여 신고등을 하여야

하는 경우에는 그 신고등을 먼저 하여야 한다.

* 주1) '지급등'이라 함은 지급 또는 수령을 말한다.

3. 사후신고가 인정되는 거래

- 해외직접투자자
- 해외지사를 설치하고자 하는 자
- 외국부동산을 취득하고자 하는 자

신고 절차를 이행하기 전에 미화 1만불 범위 내에서 투자자금을 규정 제 4-3조제1항제1호의 절차에 따라 지급하였거나 휴대하여 직접 지급한 경우 지분 또는 주식을 취득한 날로부터 1년 이내에 사후 신고가 가능함(단, 0원 설립법 인은 기간(1년 이내) 제한이 없음(2017.7.18일 개정)

4. 신고업무의 종류

- 해외예금 신고: 미화 5만불 초과 한국은행 신고(예외대상자 있음)
- 금전의 대차계약 신고: 외화자금차입 개인 및 비영리법인은 한국은행신고
- 교포여신 보증 신고
- 회원권등의 취득 신고: 골프장, 리조트, 호텔 등
- 국내증권 취득 신고: 1억원 초과 & 10% 초과는 「외국인투자촉진법」에 의거 신고
- 현지금융 신고: 금전대차계약(현지차입 및 현지사용), 보증계약, 담보제공신고
- 상호계산 신고, cf)상계
- 임대차계약 신고
- 해외직접투자 신고
- 해외지사 설치 신고: 지점 & 사무소
- 국내지사 설치 신고
- 국내부동산 취득 신고: 외국인비거주자
- 대북 투자 신고

- 북한지사 설치 신고
- 해외부동산 취득 신고수리

5. 신고의 유효기간

- 자금의 지급이 따르는 신고업무는 유효기간 이내에 지급(해외송금)이 이행되어야 함
- 그 외 신고업무는 신고서의 유효기간 이내에 관련 기관 등에 제시하여야 함

※ 현지금융 중 보증계약신고서에 기재된 보증기간과 신고서의 유효기간은 별개임. 보증기간은 1년이고, 신고서의 유효기간은 6개월 이내로 신고가 되며, 6개월 후에 재신고하는 것이 아님

6. 유효기간의 연장

- 신고의 유효기간을 연장하려면 반드시 유효기간 이내에 연장 처리를 해야 함
  ➡ 유효기간이내의 연장 접수서류
- 해외직접투자 내용변경신고서, 별도사유서 등
  ➡ 유효기간 경과 후 3개월 이내 연장 가능(1회에 한함)

7. 해외직접투자의 정의

(1) 외국환거래법에서의 정의

「외국환거래법」 제1장 총칙 제5조(정의) 제1항 제18호 "해외직접투자"란 거주자가 다음에 해당하는 거래 · 행위 또는 지급을 말한다.
가. 외국법령에 따라 설립된 법인(설립중인 법인을 포함)이 발행한 증권을 취득하거나 그 법인에 대한 금전의 대여 등을 통하여 그 법인과 지속적인 경제관계를 맺기 위하여 하는 거래 또는 행위로써 대통령령으로 정하는 것.

- 외국법인의 경영에 참가하기 위한 투자비율 10% 이상
- 10%미만으로서 경제관계를 수립하는 것
- 지분을 취득한 후 1년 이상으로 금전을 대여하는 것

(2) 10% 미만으로서 경제관계를 수립하는 것

• 임원의 파견
• 계약기간이 1년 이상인 원자재 또는 제품의 매매계약의 체결
• 기술의 제공·도입 또는 공동연구개발계약의 체결
• 해외건설 및 산업설비공사를 수주하는 계약의 체결

(3) 외국환거래법 제1장 총칙 제5조(정의) 제1항 제18호

> 나. 외국에서 영업소를 설치·확장·운영하거나 해외사업 활동을 하기 위하여 자금을 지급하는 행위로서 대통령령으로 정하는 것

• 시행령 제8조 제2항
  1. 지점 또는 사무소의 설치비 및 영업기금
  2. 거주자가 외국에서 법인형태가 아닌 기업을 설치·운영하기 위한 자금 (개인사업자를 말함)
  3. 해외자원개발사업 또는 사회간접자본개발사업을 위한 자금

(4) 기본적으로, 해외에 설립할 회사의 자본금계정에 직접 투입하여 지분권을 행사할 수 있는 것을 해외직접투자라 할 수 있음

(5) 증권취득

• 현지법인 신규 설립
• 기존 주주로부터 지분 인수: 지분매매계약서 필요
• 기존 법인의 신규 증자 참여(공동증자 포함): 증자결의서 필요

(6) 대부투자

현지법인의 운영자금을 1년 이상의 금전대차계약을 통해 지원하는 방법(계약, 실제 사용 모두 1년 이상이어야 함) 해외직접투자 관련 구조

8. 해외직접투자의 신고서류

1) 해외직접투자신고서 2부(규정서식)

2) 사업계획서(지침서식)

3) 거래외국환은행지정(변경)신청서(지침서식)

4) 사업자등록증 사본

5) 납세증명서(관할 세무서 발행; 유효기간 이내)

6) 신용통합정보조회표(은행서식; 사업자번호 및 대표자 실명번호)

7) 위임장 및 신분증(대리 신고 時)

[추가 제출서류]

• 대부투자 → 금전대차계약서(쌍방서명)

• 합작투자 → 합작투자계약서(JOINT VENTURE AGREEMENT)

• 현물투자 → 현물투자명세표 2부

   ※ 주식으로 해투 → 회계법인의 주식평가의견서

• 취득하는 지분의 액면가액과 취득가액이 다른 경우 → 공인회계사, 전문평가기관 등의 의견서

• 해외자원개발사업인 경우 → 해당 주무부장관의 신고필증

   − 광물: 산업통상자원부장관,

   − 농축산물: 농림축산식품부장관, 임산물: 산림청장

   − 건설업인 경우 해외건설협회의 해외건설업신고필증

[해외직접투자 신고서]

[해외직접투자 사업계획서]

[투자금 송금 時 유의사항]

신고일 이후 투자금 송금 時 필요서류

1. 납세증명서: 기접수 납세증명서의 유효기간 이내인 경우 생략 가능

2. 신용통합정보조회표 출력: 사업자번호와 대표자 실명번호

송금 이후 사후관리 서류 제출 및 이행 독촉

⇒ 송금 후 6개월 이내 외화증권취득보고서 & 출자 증빙서류

1. 기한만료일로부터 30일 이내 전화 독촉 및 독촉장 발송

2. 독촉장 발송일로부터 60일 이내에도 이행하지 아니하면, 61일째 되는 시점에 금융감독원장에게 위규 보고

⇒ 「외국환거래규정」제10−9조(사후관리절차 등) 제3항 참조

[해외직접투자 사후관리]

연간 사업실적보고서

⇒ 현지법인 결산일로부터 5개월 이내에 관련서류와 함께 제출

1. 해외직접투자 신청인이 수출입은행 site에 관련 내용 등록

2. 해당 site에서 '연간사업실적보고서'를 출력

☞ 투자금액이 미화 300만불 이하인 경우 '현지법인투자현황표'로 갈음 가능하며, 미화 200만불 이하는 생략 가능

단, 부동산 관련업은 투자금액과 관계 없이 연간사업실적보고서 제출 대상임

⇒ 부동산 임대업, 분양 공급업, 골프장 운영업 등

해외직접투자사업 청산 및 대부채권회수보고서

⇒ 현지법인의 청산자금 영수 또는 대부채권 원금 회수 후 즉시 제출

※ 비거주자에게 지분 전액을 매각하는 경우에도 위 보고서와 매매계약서를 제출
※ 투자 금액과 양도 금액이 다른 경우에는 회계법인 또는 회계사의 주식가치평가서도 제출해야 함
※ 청산 관련 재무제표는 현지 회계사가 확인한 결산서 등

[해외직접투자 증액 신고]

증액 신고는 신규에 준하여 업무 처리 진행함

검토사항

1. 기존 해투 신고件의 사후관리 이행 여부

2. 사업계획서 中 출자전 금액이 기존 신고 금액과 일치하여야 함

➡ 미신고한 자본금 납입 後 증액 신고 불가

[해외직접투자 거주자간 양수도]

1. 양도자와 양수자가 양도자의 지정거래외국환은행에 함께 신청, 신고 後 당해 사업에 관한 일체 서류를 양수자의 지정거래 외국환은행 앞 이관

2. 양수도 계약서에 첨부되는 서류
   가. 양수인: 사업자등록증 사본 또는 주민등록등본(개인), 납세증명서, 신
      용정보조회표(법인인 경우 대표자 포함. 단, 고용대표자는 입증자료 제출하
      면 생략 가능), 위임장 등 실명확인서류
   나. 기존 투자 금액과 양수도 금액이 다를 경우 회계사 또는 전문평가 기
      관의 주식가치 평가보고서

[해외직접투자 위규 사례]

외국환은행 신고 없이 현지에서 미화 1만불 초과하여 자본금을 납입하여 회
사를 설립한 후 운영하던 중 추가자금이 필요하여 외국환은행에 추가 송금하
기 위해 해외직접투자 신고를 신청함
➡ 현지법인을 설립하기 전에 신고하여야 함
지정거래 외국환은행의 신고 없이 현지 자금으로 증액 처리
지정거래 외국환은행의 신고 없이 거주자간 양수도
지정거래 외국환은행의 신고 없이 해당 지분을 비거주자에게 증여
➡ 비거주자에게 증여하는 행위는 한국은행 신고 사항
사후관리 보고서 제출 기한과 독촉 기한이 경과한 경우
기존에 신고한 내용과 상이하게 실제 투자가 진행되는 경우
➡ 투자 금액, 합작 투자 내용 등
현지법인의 자회사 및 손자회사의 설립, 투자 금액 변경, 청산에 대해 미신고
하는 사례
➡ 국세청으로부터 수억원의 과태료 부과 처분
투자자의 합병, 분할로 인해 투자자가 변경되었음에도 불구하고 신고하지 않
은 사례
➡ 3개월 이내 사후보고 가능
현지 국가의 법인 설립 관련 법규에 따라 외국인 단독투자가 불가함에도 불
구하고 단독투자로 신고 및 전액 송금한 후 현지인에게 소액으로 지분을 취
득하게 하는 사례

국가별 현지 진출절차 주요내용

1. 베트남 현지법인 설립절차

(1) 시장조사 및 투자 결정

① 투자형태

- 유한회사: 100% 자회사 또는 특정 파트너와의 JV 설립 시 적합
- 주식회사: 3인 이상 주주로 구성, 주식 양도 가능, IPO 가능
- 사무소: 영업목적이 아닌 경우 대표사무소 설립 가능
- PMO: 건축 프로젝트 진행 시 해당 프로젝트 수행 목적의 사무소 개설(독립 법인 ×)

(2) 부지 선정 및 가계약

① 토지사용권(Land Use Right)

- 베트남에서 토지에 대한 소유권은 인정되지 않으며 장기 임차(통상 50년)하는 방식으로 사용
- 공단의 경우 공단 개발사로부터 전차(개발사는 국가로부터 임차)
- 임차 부지에 공장 설립 시 공장 건물에 대해서는 소유권 인정됨

> ※ 계약금 송금
> ① 현지법인 주주(모기업) 명의 역외계좌 개설(현지 금융기관)
> ② 해외직접투자 신고(외국환은행) 후 베트남 역외계좌로 송금
> ➡ 주주 명의 역외계좌 이용하지 않을 경우 동 자금이 현지법인의 자본금으로 인정되지 않을 수 있음에 주의

(3) 투자등록증(Investment Registration Certificate, IRC) 발급

- 외국인 투자 허가 절차; 투자기업은 투자등록증상 명시된 프로젝트 범위 내에서만 사업 수행
- 공단관리위원회(공단 내 설립 시), 성급 인민위원회 기획투자국(Department of Planning and Investment, DPI)에 신청(공단 이외 지역 설립 시)
- 투자 프로젝트 주요 내용(총 투자 금액, 위치, 일정 등)이 포함됨
- 제조업 1~2개월, 기타 업종별로 수개월이 소요될 수도 있음

(4) 기업등록증(Enterprise Registration Certificate, ERC) 발급

- 한국의 법인 등기 절차에 해당
- 성급 인민위원회, 기획투자국(DPI)에 신청
- 기업명, 주소, 정관자본금, 주주, 대표자, 세금계산서 코드 등 표시
- 1주일 이내 발급됨

(5) 인감(Seal) 제작 및 신고

- Seal 제작 회사에 의뢰, 여러 개 제작 가능
- 공단관리위원회(공단 입주 기업), 기획투자국(DPI)(공단 외 기업)에 신고

(6) 계좌 개설 및 자본금 납입

- 자본금은 자본금 수취 전용계좌(Direct Investment Capital Account)를 통해 거래 가능
- 기업등록증 발급일로부터 90일 이내에 정관자본금 전액 납입해야 함

(7) 부지 본계약 체결

- 자본금 전용계좌 → 일반 유동성 계좌 → 자금 결제

2. 중국 현지법인 설립절차

1. 투자 준비 → 투자 목적 정립, 투자 방식 선정, 투자선 물색, 투자 지역 선정 등)
2. 투자 예비 상담: 투자 성사 가능성 타진
3. 의향서 또는 협의서 체결
4. 부지 확보 → 단독투자인 경우 부지 유상 양수 또는 유상 배정 의향서 체결
5. 투자 예비허가 신청 → 프로젝트 건의서 또는 외자기업 설립 보고서 제출
6. 기업 명칭 등기 신청
7. 사업 타당성 검토보고서 작성
8. 계약 체결 및 정관 제정
9. 투자허가 신청 → 비준증서 발급
10. 기업설립 등기 신청 → 영업집조, 험자보고서 등 발급

3. 인도네시아 현지법인 인허가 필요사항

1. 현지법인 상호 사용 사전 승인
2. 소재증명서
3. 납세의무자등록증
4. 법인 설립 법무부 승인서
5. 출자증명서
6. 사업자 기본 번호증(회사등록증, 수입업자 라이선스, 관세청등록번호)
7. 사회보장보험가입증명서
8. 조건부 사업허가서(소재허가서, 환경허가서, 건축허가서, 준공증명서)
9. 세무서 전자 파일링 번호
10. 부가가치세 과징사업자 지정서
11. 수입자본재/수입원부자재 관세감면 승인서
12. 노동부등록증, 외국인 임직원 고용계획승인서, 외국인 고용허가서, 비자 발급지시 케이블, 기한부거주 허가서, 외국인 숙박 경찰신고서, 외국인 임시거소증명서, 외국인 취업보고 등

해외기업M&A,
대체 투자 관련
검토사항

01 해외투자 관련 규제

1) 해외직접투자 및 외국환거래신고

(1) 해외직접투자 방법

해외직접투자 → 1) 단독투자(신설/ 인수합병) 2) 합작투자

외화증권 취득	• 외국에서 경영에 참여하기 위하여 현지법인을 설립하거나 이미 설립된 외국법인을 인수하기 위하여 현지법령에 의하여 설립된 외화증권을 10% 이상 취득하는 방법(가장 일반적인 방법) • 신규설립의 경우, 주식회사 또는 유한회사 형태가 일반적
외화대부채권 취득	• 투자자가 이미 투자한 외국법인에 대하여 상환기간을 1년 이상으로 하여 금전을 대여하는 것
해외지점 또는 사무소의 설치	• 지점은 한국법인과 분리된 법인체가 아니며 그 자산과 부채는 국내법인의 자산이나 부채로 간주됨 • 일반적으로 국내 본사의 사업목적 범위 내에서의 사업만 영위 가능 • 주로 석유, 유연탄 개발투자와 같이 투자규모가 크고 위험도가 높은 사업에 투자시 이용됨
공동사업 참여	• 투자비율이 10% 미만인 경우로서 해당 외국법인과 다음 어느 하나에 해당하는 관계를 수립하는 경우 ① 임원의 파견 ② 계약기간이 1년 이상인 원자재 또는 제품의 매매계약의 체결 ③ 기술의 제공·도입 또는 공동연구개발계약의 체결 ④ 해외건설 및 산업설비공사를 수주하는 계약의 체결
개인기업영위	• 외국에서 법인의 설립이나 인수없이 개인기업을 경영하는 경우

(2) 해외직접투자 신고

해외직접투자 신고	• 원칙적으로 외국환은행의 장에게 사전신고(외국환거래규정 제9-5조)
파생상품	• 합작투자계약 내지 주주간계약에 주식의 취득, 매각 관련 풋옵션, 콜옵션 을 부여하는 경우 한국은행 총재에게 별도로 파생상품거래 신고(외국환거 래규정 제7-40조)

해외자원
개발사업
	• 해외자원의 성격에 따라 관계기관에 해외자원개발 사업계획을 신고(해외
	자원개발사업법 제5조, 제6조 및 해외농업·산림자원 개발협력법 제7조,
	제8조)
	  – 광물: 산업통상자원부 장관
	  – 농·축산물: 농림축산식품부장관
	  – 임산물: 산림청장

건설업	• 해외에서 직접 또는 현지법인을 통하여 해외건설업을 영위하고자 하는 경우에 는 국토교통부장관에게 해외건설 신고(해외건설촉진법 제6조, 제10조)
해외직접투자 사후신고	• 외화증권 (채권)취득보고서: 투자후 6월 이내 • 송금 (투자)보고서: 송금 또는 투자 즉시 • 연간사업실적보고서: 회계기간 종료 후 5월 이내 • 청산보고서: 청산자금 수령 또는 원리금회수 즉시(외국환거래규정 제9-9조)

SECTION

02 해외투자 거래구조 검토

1) 개관

- 산업특성을 고려한 경영적 판단이 수반되어야 하나, 초기 단계부터 법적 검토도 병행되어야 함
- 투자금의 유입, 투자에 따른 사업, 투자금의 회수 단계 전체에 대한 법적 설계 필요
- 각 단계별 한국, 동남아시아 등 현지 규제 이슈 검토
- 주주들 사이의 주주간계약
- 투자에 따른 수익의 보장, 투자금 회수 관련 조항에 대한 검토
- 안정적인 투자금 회수구조 방안에 대한 법적 검토는 금융조달을 위한 필수 요소임
- 금융조달이 가능하도록 하는 관점에서 투자 초기부터 전체 거래구조에 대한 법적 설계 필요
- JV투자 형태의 경우 현지 파트너가 일단 투자가 유치된 후에는 한국 측 파트너의 요구에 제대로 응하지 않는 경우가 있음
- 특히 소송 등 법적 구제장치가 제대로 작동하지 않으므로 초기 계약 작성 때부터 로컬 파트너와의 주주 간 계약 등을 체결함에 있어 사전에 철저한 법률검토 필요

2) 주주간 계약의 주요 쟁점

- 자본의 구성(투자금, 향후 증자 규모, 투자지분율)
- 당사자들의 역할(현지 업체, 한국 투자자의 역할 정리 필요)
- 이사회의 구성과 결의(이사회 임원 지명권한, 의장의 역할, 이사회의 결의사항 등)
- 주주총회(정기주주총회, 임시주주총회, 주주총회의 결의사항 등)
- 대표이사, 감사의 역할, 지명권한
- 회계처리, 계좌, 은행, 장부 기재 통화(USD 혹은 현지 화폐)
- 주식 양도 가능성 및 그 제한
- 주주간 계약의 효력발생, 종료
- 상대방 당사자의 계약 위반시의 문제
- 불가항력의 처리
- 준거법, 관할, 분쟁해결방안
- 특히 소송 등 법적 구제장치가 제대로 작동하지 않으므로 초기 계약 작성 때부터 로컬 파트너와의 주주 간 계약 등을 체결함에 있어 사전에 철저한 법률검토 필요

3) LPA 계약 주요 내용 검토(예시)

(1) 출자금

- 남은 미납 약정금을 납부할 각 사원의 의무는 사원이 본 펀드에 가입된 날 시작되어 펀드 기간이 종료되면 만료
- LP는 당시 남은 미납 약정금 금액을 초과하는 금액의 출자금을 납입하도록 요구되지 않음

(2) 펀드 기간

본 펀드는 (a) 본건 투자의 전부 또는 실질적 전부의 현금 감소, (b) GP의 탈퇴, (c) 본 펀드를 지속하는 것이 본 펀드와 사원들에게 중대한 부정적 영향을 줄 정도로 관련 법규가 중대하게 부정적으로 변경되었기 때문에 조기 해지와 해

산이 필요하거나 바람직하다는 본 펀드 자문의 조언을 바탕으로, 또는 투자회사법, ERISA, 내국세입법 제4975조 또는 유사한 법의 관련 규정 위반이나 그에 따른 등록을 피하기 위해, GP가 신의성실하게 본 펀드의 사업을 해지하고 본 펀드를 해산하기로 결정할 때, 또는 (d) 델라웨어주 개정 통일유한책임조합법(개정법 포함)에 따라 본 펀드 해산을 초래하는 기타 사건이 발생할 때까지 지속됨.

➡ 펀드 기간은 제한하고 연장 가능하게 하는 협상안

(3) 현물 분배

분배는 현금으로만 이행됨. 단, 본 펀드의 해산 및 청산의 경우, GP은 (i) LP의 동의하에 유가증권을 분배하거나, (ii) LP의 동의하에 본 펀드의 기타 자산을 현물로 분배할 수 있음.

(4) 손익 할당

모든 종류의 소득, 수익, 손실, 공제는 일반적으로 분배 절차와 일관된 방식으로 사원들의 자본금 계좌로 할당될 것임.

(5) 핵심인력사건

- (i) "핵심인력들"의 경우, (x) (A) **고용관계가 중지되는 경우**, (y) (A) **근무시간의 실질적 과반을 투입하지 못하는 경우**, 또는 (z) **관할 법원이 비위행위를 저질렀다고 최종 판단한 1차 결정의 경우**, 또는 (ii) **증권거래위원회**(SEC)나 **금융산업규제당국**(FINRA)으로부터 그에 대해 집행절차를 개시하도록 권고할 것이라는 내용의 통지를 수령하거나, (y) **중범죄로 기소되거나** 금융문제와 관련된 법, 규칙, 규정 위반 주장에 관한 중범죄 혐의에 대해 반박하지 않는 경우, "핵심인력사건"(Key person event)이 발생하게 됨. GP가 핵심인력사건에 대해 LP들에게 통지하면, **사원의 출자금 납입 의무는,** 제한적인 예외사항을 조건으로, **중지.**
- 핵심인력사건이 발생하고 120일 이내에 지분과반사원은 다음 중 하나의 조치를 취할 것을 선택할 수 있음(선택하지 못하는 경우, 사원의 출자금 납입 의무는 자동적으로 해지됩니다).
- GP가 지명한 1인 이상의 대체 핵심인력을 승인하고, 출자금을 납입할 사원

의 의무를 회복시킴 및/또는,

- 출자금을 납입할 사원의 의무를 회복시킴
➡ 핵심인력사건 발생시 출자금납입의무 중단 부분 중요

(6) GP의 해임

- 지분과반사원은 **언제든지 정당한 사유**를 근거로 GP에게 통지한 즉시 GP를 해임할 수 있음.
- GP가 해임되면,
  - GP는 본 펀드의 GP직이 중단되며, GP에게 부여된 권한은 해지됨.
  - 투자운용계약은 위약금없이 자동적으로 해지됨.
  - 구 GP의 지분은, **성과보수분배를 수령할 권리**에 한해서, 특별 LP 지분으로 전환되어, 해임 시 해당 지분의 공정시가를 수령할 권리를 구 GP에게 부여함.
  - 구 GP의 나머지 지분은 LP 지분으로 전환되며, 그 후 다른 LP 지분과 동일한 방식으로 취급될 것임.
  - 투자운용사가 추가 운용수수료를 받을 권리는 중단되며, 투자운용사는 조합계약에 따라 현재 분기 중 해임 이후 기간에 대해 지급된 선지급 분할금을 반환할 의무를 가짐.
➡ GP 해임시 GP에게 지분을 부여할 필요가 있는지 등 협의 필요

- "정당한 사유"는 (a) (1) GP가 **고의적이고 중대하게 조합계약을 위반**했으며, 이러한 위반이 지분과반사원이 서면 통지한 후 20영업일 기간 내에 시정되지 않아 본 펀드에 대한 중대한 부정적 영향을 초래했다는 사실, (2) GP 또는 투자운용사가 본 펀드와 관련하여 **악의, 중과실, 고의적 범죄행위**, 금융서비스업과 관련된 미국 법이나 기타 관련 미국 증권법상 고의적 사기와 관련된 사기금지규정 중죄 위반, 배임 또는 횡령을 저질렀다는 사실, 또는 (3) 투자운용사가 고의적으로 투자운용계약을 위반했으며, 이러한 위반이 지분과반사원이 서면 통지한 후 20 영업일 이내에 시정되지 않아 본 펀드에 대한 중대한 부정적 영향을 초래했다는 사실을, 관할권을 가진 법원 또는 정부기관이 **항소불가 최종 판결**(임시 또는 가처분이 아닌)**에서 인정**하는 것 또는 GP가 소송 합의에서 인정하는 것, 또는 (b) GP가 출자금 납입 의무를 불

이행하고 조합계약에 명시된 기간 내에 이것이 시정되지 않는 것을 의미함.

➡ 정당한 사유와 무관하게 GP 해임 관련 협의

(7) 불이행 규정

약정금을 납입하지 못한 LP들은 조합계약에 명시된 바에 따라 위약금 및/또는 투자금 몰취의 대상이 될 수 있음.

➡ 약정금 미납시 몰취되는 조항과 관련하여 일정한 최고기한 여유를 두는 방안 등 협의

(8) 면책 및 무죄입증

• 본 펀드는, 면책대상자에게 발생하거나, 면책대상자가 당사자로서나 달리 관계되거나, 면책대상자에게 발생할 우려가 있는 청구 일체에 대해, GP와 다른 면책대상자 각각을 면책하고 책임을 묻지 않을 것입니다. 이는 판결이나 합의에서 지급된 금액, 벌금이나 과징금, 조사, 소송, 소, 중재 또는 기타 소송의 준비/변론/처분과 관련하여 발생된 변호사 보수와 경비를 포함하나, 이러한 손해가 부적격행위에서 기인하는 것으로 관할 법원의 최종 판결에 의해 확정된 경우는 제외됩니다.

• "부적격행위"는, 어떤 자와 관련하여, (A) 그의 악의, 중과실, 고의적 불법행위 또는 조합계약/투자운용계약의 중대한 위반(시정행위를 고려한 후)으로 인해 초래된 작위 또는 부작위, 또는 (B) 그가 정당한 사유의 정의 (a)(iii)항에 해당하는 행위를 하는 것(사법적 판단과 관계없이)을 의미합니다.

➡ LP의 GP 상태 소송 등은 면책에서 배제되도록 명시해야 함

(9) 지분 양도

• LP 지분은, 조합계약에 명시된 조건을 따른 것을 제외하고, 매도/양도/이전/질권설정/저당/처분/부담("양도"로 총칭한다)의 대상이 될 수 없음

• 위의 조건에는 양도에 대한 GP의 사전 서면 동의를 취득해야 한다는 요건이 포함됨.

➡ 특정 LP가 펀드에 중요한 경우 해당 LP 지분 양도에 관하여 동의를 얻는 조항 등 협의

(10) 사원에 대한 보고

본 펀드의 매 회계연도 1-3회계분기 말로부터 90일 이내에, 그리고 본 펀드의 매 회계연도 말로부터 120일 이내에, GP는 해당 기간 중에 사원이었던 자에게 (i) 발생 기준으로 미기업회계기준을 일관되게 적용하여 작성된 본 펀드의 아래와 같은 재무제표: (a) 해당기간 말 기준 대차대조표, (b) 손익계산서, (c) 해당 기간 사원 자본금 계산서, (d) 현금흐름표, (ii) 해당 기간 말 현재 본 펀드가 보유하고 있는 각 본건 투자의 스케줄과 요약설명, (iii) 회계연도에 대한 연례보고의 경우, 전국적으로 인정되는 회계법인이 위 (i)에 언급된 재무제표를 감사하고 제출한 의견서를 발송함.

(11) 본 펀드 관련 위험

• 투자수익 보장 부재.
  - 투자운용사는 특정 부동산, 회사 또는 부동산/회사의 포트폴리오를 선택하여 본건 투자를 이행/실현할 수 있을 것이라는 보장을 제공할 수 없음.
  - 본 펀드가 LP를 위해 수익을 창출할 수 있을지 여부, 그러한 수익이 본 제안서에 기재된 부동산/기업 유형이나 거래에 대한 투자에 따른 위험 대비 적절한 것인지 여부에 대한 보장이 제공될 수 없음
  - LP가 본 펀드로부터 분배금을 받을 것인지에 대한 보장이 제공될 수 없으므로, 투자금 전체에 대한 손실을 감당할 수 있는 투자자만 본 펀드에 대한 투자를 고려해야 함.
  - 목표 수익률 및 투자팀과 관련된 투자회사들의 과거/예상 활동은 미래의 성공을 보장하지 않음.

• GP 및 투자운용사에 대한 의존.
  - 본 펀드의 성공은 GP, 투자운용사, 그들의 관계사에게 달려있으며, LP는 본 펀드의 사업운영에 관여할 권리를 가지지 않음

• 펀드약정금 불이행; 불이행의 결과.
  - 특정 LP나 공동투자자가 기한 내에 출자금을 납입하지 못하고 이행 LP의 출자금과 본 펀드의 차입금이 미납 출자금을 보충하기에 충분하지

않으면, 본 펀드는 만기 시에 본 펀드나 그 자회사의 채무를 이행하지 못할 수도 있습니다. 이 경우 본 펀드는 투자 다각화 기회를 제한하고 LP(이행 LP 포함)의 수익에 중대한 부정적 영향을 주는 심각한 제재의 대상이 될 수 있음

- LP가 의무를 불이행하는 경우 지분의 몰취를 포함하여 조합계약에 명시된 다양한 제재조치의 대상이 될 수 있음.

• LP 참여 불가.
- LP는 본 펀드의 사업 운영과 경영에 참여할 권리나 권한을 가지지 않으며, 따라서 본건 투자의 평가, 집행, 처분에 관해 전적으로 GP와 투자운용사의 역량에 의존해야 함.
- LP는 투자결정과 처분결정을 포함하여 본 펀드의 일상적인 운영을 통제할 기회를 가지지 않음
- GP와 투자운용사가 본 펀드를 대리하여 본건 투자를 조직하고 협상하고 매수하고 재원을 조달하고 궁극적으로 매각할 전적인 재량을 가질 것이며, GP, 투자운용사, 그들의 관계사가 모든 인수 결정을 내릴 것임.

4) 법률전문가의 조력 필요성

• 한국에서의 투자를 위하여는 한국의 로펌에서 법률실사보고서가 준비되어야 함
• 투자에 따른 각종 계약서 작성에 있어서 한국 로펌에서 주된 내용들을 검토하고 계약, 협상에 반영하는 단계가 필요
• 동남아시아 등 현지법 이슈들을 고려하여 현지 로펌과의 협업도 필요
• 한국의 금융기관에서는 한국 로펌의 법률의견을 요구하는 것이 일반적이므로 한국 로펌, 현지 로펌이 같이 협업하여 전체 설계, 투자금의 안정적 회수를 위한 검토 등이 이루어질 필요가 있음

03 해외 투자 사전 점검 사항

1) 규제 이슈

(1) 사례 1: 해외금융기관인수

- 해외 금융기관 인수와 관련하여 현지 금융당국 등의 사전 승인 등이 필요한지 등에 대한 각종 규제 검토 필요
  - OBJ 예를 들어, 인도네시아의 경우 금융감독당국인 Otoritas Jasa Keuangan (OJK)의 승인이 필요하고, 실무적인 진행 절차에서 개별 규제들에 대하여 충분한 협의를 해야 함
- 금융기관 인수 관련 주식 취득 규제에 대해서도 회사법, 은행법 등 각종 규제 검토 필요
  - OBJ 예를 들어, 인도네시아의 경우 은행의 지분 취득은 원칙적으로 40%까지이지만 OJK 승인을 얻는 경우 일정한 제한하에 추가 취득이 가능함
- 개발도상국의 경우 법령상 규제 외에도 비공식적 규제에 대한 사전 대응 필요
  - OBJ 개발도상국의 경우 법령 자체의 모호성, 법령 외의 금융당국의 광범위한 재량과 법령 외 사항에 대한 요구 등이 많이 있을 수 있다는 특성을 고려해야 함
- 현지 규제 대응 및 현지 감독당국과의 커뮤니케이션을 위해 현지 법무법인과의 협업 필요

(2) 사례 2: 독점적 사업시행권 확보 가능성

- 몽골 공원개발사업과 관련하여 한국 투자자가 투자하는 경우 몽골 공원개발사업에 관한 사업시행권을 몽골 정부가 보장해줄 수 있는지 여부
  - `OBJ` 몽골의 경우에도 일정 규모 이상의 거래 등은 경쟁입찰에 의함
  - `OBJ` 따라서 거래구조 설정 과정에서 이러한 사업권 보장 여부에 관한 확인을 받아야 함

(3) 사례 3: 주식대금의 수령 주체

- 베트남의 경우 주식매매거래는 매수인이 매도인의 계좌로 직접 송금하는 것이 아니라 회사 계좌로 송금하게 되어 있음
  - `OBJ` 법인계좌로 수령한 이후 매도인이 회사로부터 수령하는 구조이므로 직접 매도인 계좌로 송금하지 않음
  - `OBJ` 거래구조 설정 과정에서 이러한 사항 확인을 받아야 함

(4) 사례 4: 회사 형태 관련 이슈

- 베트남의 경우 주식회사는 3인 이상의 주주를 전제로 함
  - `OBJ` 1인 또는 2인 주주인 경우 유한책임회사 형태이어야 함
  - `OBJ` 대상회사 지분 전체를 인수하게 되는 경우 그것이 외국인 지분제한상 가능한지 여부와 아울러, 주식회사 구조를 더 이상 유지할 수 없으므로 회사 구조 변경도 같이 진행되어야 함
  - `OBJ` 회사 구조 변경시 베트남법상 인허가 변경이 수반되고 그에 따른 일정이 필요한 점을 유의해야 함

2) 조세 이슈

- 투자대상 지역이나 국가에 따라 매우 다양한 조세 관련 쟁점이 있음
  - `OBJ` 반드시 주요회계법인을 통해 조세 문제를 검토해야 함
  - `OBJ` 한국에서의 조세 혜택과 관련하여 개별 계약 문언에 기재될 문구가 있는지 등은 회계법인 자문을 받아야 함

해외 M&A 관련 법률 검토사항

1) 협상(Negotiation) 시 유의할 사항

(1) 주식 양도인인 경우

매도인이므로 매매대금을 제대로 받는 것이 가장 중요하다. 가급적 진술과 보장을 간단하게 하고, 이하에서 보는 Escrow Account나 대금조정 조항을 두지 않도록 노력하는 것이 유리하다.

(2) 주식 양수인인 경우

① '진술과 보장'의 내용을 자세하게 명시할 것

주식 발행회사의 상태를 정확하게 알 수 없으므로 '진술과 보장' 조항에서 당해 회사의 실체, 재무상황, 세금완납, 우발채무가 없다. 주식양도나 취득에 제한 없음 등의 사항을 보장하게 하고 만일 이를 위반할 경우를 계약해지사유로 규정하고 주식 양도인에게 주식을 되사게 하거나 손해배상을 하게 하는 등 그 책임을 물을 수 있도록 하여야 한다.

② 무자력에 대한 대비

사후에 주식 양수인이 주식 양도인에게 위와 같은 책임을 물을 경우 주식 양도인이 무자력일 수 있으므로 이에 대비하여 담보를 제공하게 하거나 매매대금 중 일정 비율을 제3자가 관리하는 Escrow Account에 넣어 두거나 양도인 명의의 예금구좌를 별도로 개설하여 이에 질권설정을 한 다음 향후 일정기간 동안 문제가 발생하지 않을 경우 그 후 양수인이 이를 찾아갈 수 있도록 하는 방안을 사용할 필요가 있다.

③ 대금지급 시 이행 조건

주식인수시 필요한 정부 인, 허가나 각종 신고, 현존하는 위험의 제거(위험한 건물의 보수 등) 및 기타 사업운영에 필요한 사항 등을 대금지급전 이행조건으로 내세워 주식인수 후 회사의 정상운영에 지장이 없도록 하여야 한다.

대주주의 경우 주식양도계약 체결 후 회사를 방만하게 운영하거나 주요 임, 직원을 퇴사시키거나 자산을 빼돌리는 등의 부정행위를 하는 것을 막기 위하여 이를 Closing시 확인하여 그것을 조건으로 대금을 지급하게 하여야 하고 이를 위반한 경우 감액조정이나 계약해지가 가능하도록 하여야 한다.

④ 경영권을 이전할 경우

주식양도계약 체결 후부터 중요한 회사결정이나 주식양도인의 의결권 행사 시 양수인의 동의를 얻게 하고 대금지급일(분할지급시는 중도금 지급시)에 임원진을 양수인측으로 즉시 교체하는 등의 사전조치를 취하여야 한다.

⑤ 경업금지의무 및 사후 협력

양도인이 대주주의 경우에는 일정기간 동안 유사한 회사를 설립하거나 출자할 수 없도록 하여야 해당 회사의 영업이나 기존 거래관계에 영향이 미치지 않는다. 또한 필요한 경우 양도 이후라도 회사경영의 원활한 인수인계를 위하여 양도인의 협력의무조항을 두고, 사후에 기술, 원자재의 제공 등의 협조를 양도인으로부터 받아야 할 필요가 있다.

⑥ 주식을 발행한 대상회사의 참여

주식양도인이 지배주주인 경우 대상 회사가 직접 계약의 당사자로 '진술과 보장'을 하게 하고, 필요한 경우 주식양도인과 연대하여 주식양도계약의 이행을 하게 함으로써 연대책임을 물을 수 있는 규정을 두는 것도 주식양도계약 불이행의 위험을 줄이기 위하여 필요하다.

2) 주식양도계약의 내용

항목	주요 내용
당사자	양도인, 양수인, 회사의 명칭 및 소재지
전문	계약체결의 배경 및 목적
정의	계약에 나올 중요 용어의 정의
계약목적물	양도하고자 하는 주식의 종류 및 수량
주식매매대금	• 주당 양도가격 및 총 양도주식 수와 그 대금 • 약정일까지의 주식양도 또는 대금지불이 지체된 경우의 대금 감액 또는 지체상금 정할 필요 있음. • 일정한 경우 대금조정이 가능하다는 것과 그 방법을 정할 것.(주식 양수인에게 유리한 조항)
경업금지의무	• 주식양수인의 입장에서는 양도인이나 구 임원에게 주식양도계약 체결후 일정기간 직접 또는 간접으로 회사의 영업과 동종 또는 유사 영업을 하지 못하고 그러한 영업을 하는 다른 회사에 출자하거나 임원이 될 수 없다는 조항을 두어야 유리함.
비밀유지의무	• 본 계약과 관련된 내용을 제3자에게 누설하지 아니하도록 함.
기타	• 완전합의, 계약의 수정, 계약의 가분성, 분쟁시 해결방법, 비용의 부담, 계약의 양도제한, 통지, 표제의 효력, 불포기, 부본, 불가항력 등 계약의 일반조항.

3) 준거법, 관할

항목	주요 내용
준거법	• 해당 소재지 법령
관할	• 해당 소재지/제3의 장소
기타	• 중재

해외 부동산 투자 관련 법률 검토사항

1) 부동산 거래 관련 참여 주체

(1) 참여 주체의 다양성

한국은 주로 중개사, 법무법인, 자산운용사. 미국의 경우 중개사, 법무법인, 별도 실사기관. 프랑스의 경우 중개사, 법무법인, notary

(2) 거래 주체와의 계약

- 증권회사의 컨설팅계약 체결 가능성 – 부수업무 신고
- 개별 용역업체와의 중개계약
- 법률/회계, 조세 관련 실사계약
- Zoning, 물리실사, 환경실사 등

2) 진행 일정

법인설립	• 한국 송금
계약체결	• 본계약 체결 후 5영업일 이내 1차 대금 납부

1차 대금 납부	• 1차 대금
	• 본계약 체결 후 5영업일 이내 1차 대금 Escrow Agent(Title Insurance Company)에 송금
	   – 기한 내 납부하지 못하는 경우 계약 자동 해지(단, 매도인이 해당 조건 포기하는 경우 제외)
	• 환불 가능 여부
	   – 실사기간 내 매수인 본 계약 해지의사를 서면으로 통보하는 경우 환불 가능

	– 실사기간 만료 시 또는 매수인이 그보다 앞서 실사 승인을 하는 경우 1차 대금은 환불 불가능 • 본 계약 종결시 매매대금에 적용
실사기간 및 연장 비용	• 실사기간 – 본계약 체결일로부터[45일] • 실사기간 내 아래에 대한 실사 진행 ① Title Report ② Property Condition Report ③ Phase I Environmental Site Assessment ④ Zoning Compliance Report
2차 대금 납부	• 2차 대금 • 실사기간 만료 시 또는 매수인이 그보다 앞서 실사 승인을 하는 경우 1차 대금은 환불 불가능 • 실사 기간 만료 또는 매수인이 그보다 앞서 실사 승인을 하는 날로부터 5영업일 이내에 2차 대금 납부
거래 종결	• 종결일 – 실사기간 종료 후 [20일] 내로 날짜 정하는 제안 예정(단, 거래 종결일 5영업일 전, 매수인은 (대가없이) 한달 내 연장할 수 있음) • 매매대금 • 종결일 당일 (또는 그 이전), 잔금 납부 • 기납부한 1, 2차 대금은 매매대금에 적용

3) SPA의 내용

항목	주요 내용
당사자	양도인, 양수인, 회사의 명칭 및 소재지
전문	계약체결의 배경 및 목적
정의	계약에 나올 중요 용어의 정의
계약목적물	양도하고자 하는 부동산
부동산 매매대금	• 매매대금 • Deposit(1차 deposit, 2차 Deposit)

진술 및 보장항목	주요 내용
주체	매도인은 본 계약을 체결하고 그에 따른 의무를 이행하며 본건 거래를 실행할 수 있는 모든 법적 능력 및 권한을 가지고 있음
저촉	본 계약의 체결 및 이행은 (i) 매도인 및 집합투자업자에게 적용되는 법률의 규정을 중대한 면에서 위반 또는 저촉하거나, (ii) 이들이 일방 당사자이거나

진술 및 보장항목	주요 내용
	본건 부동산이 구속되는 계약의 규정과 중대하게 상충하거나, 그 중대한 위반을 초래하거나, (iii) 본건 부동산이 구속되는 판결, 대한민국 법령, 정부당국의 인허가, 행정명령 등의 중대한 위반을 구성하지 함
완전한 소유권	본건 부동산에 대하여 적법하고 유효한 소유권을 보유하고 있으며, 본건 부동산을 제3자에게 양도한 사실이 없음. 매도인이 아는 한, (i) 본건 부동산의 전유부분 또는 전유부분에 인접한 토지는 인근 토지를 중대하게 침범하거나 인근 건물로부터 경계를 중대하게 침범받은 사실이 없고, (ii) 이로 인한 어떠한 분쟁도 개시되었거나 개시될 가능성이 없으며, (iii) 본건 부동산을 포함하는 집합건물 전체가 인근 토지를 중대하게 침범하거나 침범받은 사실이 없음.
법규위반	본건 부동산의 점유, 사용, 운영과 관련하여 적용되는 법령 및 행정명령을 중대하게 위반한 사항이 없으며, 매도인이 아는 한 본건 부동산의 점유, 사용, 운영과 관련하여 제3자에게 손해배상책임을 부담할 사정이 존재하지 아니 함.
임대차계약	본건 임대차계약은 본건 부동산과 관련하여 체결된 본 계약 체결일 현재 유효한 모든 임대차계약의 목록으로서 본건 임대차계약의 내용을 정확하게 반영하고 있으며, 본건 부동산과 관련하여 본건 임대차계약 이외에 매도인과 임차인 또는 제3자와의 사이에 본건 부동산의 사용·수익과 관련하여 체결된 어떠한 계약이나 합의 등이 존재하지 않음. 매도인은 본건 부동산과 관련하여 임대차계약을 중대하게 위반한 사실이 없음.
소송 부존재	본 계약상 그의 의무를 이행하는 데에 중대하게 부정적인 영향을 미칠 것으로 예상되는 어떠한 유형의 소송, 행정절차, 중재 기타 민·형사상 분쟁이 현재 매도인을 상대로 진행 중이지 않고, 매도인이 알고 있는 한 제기될 우려도 없음.
공사 등	본건 부동산과 관련하여 진행된 각종 보수공사에 따른 공사대금을 모두 납부하였고, 이와 관련하여 본 계약 체결일 현재 진행 중인 보수공사는 존재하지 않음.
조세	본건 부동산과 관련하여 납부의무가 있는 조세 및 각종 공과금 등을 모두 납부하였음.
보험	본건 부동산과 관련하여 법률상 요구되는 강제보험에 가입하였으며, 해당 보험료를 모두 납부하였고, 매매완결일의 전일까지 각 보험들이 모두 연장되어 유효하게 유지되고 있음.
파산	매도인을 상대로 파산절차 또는 유사한 목적이나 효과를 갖는 절차의 개시 신청이 법원이나 정부당국에 계류되어 있지 않음.
정보제공의 정확성	매도인이 알고 있는 한, 매도인이 매수인 또는 그의 대리인에게 제출한 본건 부동산의 실사관계자료는 중요한 점에서 사실관계를 정확히 반영한 것임.

4) SPA의 주요 협상 쟁점: 예시

조항	항목	수정안	해결방안	결정사항
	실사기간 연장	• 매도인 – 실사기간 30일 요구 • 매수인 – 실사기간 45일 유지	• 매도인 – 실사기간 30 일 요구 ➡ 매수인측은 실사기간 45일 유지 할 것임.	• 1안: 45일 계속 주장 • 2안: 매도인이 45일을 받아들일 수 없다면 매도인 40일을 차선으로 주장(환경 실사는 4주 정도 예상되므로 매도인이 45일을 수용하기 어렵다면 40일로 양보하는 방안 검토) • 원칙적으로 1안 유지 계획이나 2안도 고려 필요
	Invasive testing (시추)	• 매도인 – 전적인 재량에 의해 시추 여부 결정 • 매수인 – 매수인의 합리적 요청이 있을 시 매도인은 invasive testing 받아들여야 함.	➡ 매도인이 "합리적인 재량에 따라" 결정하는 것으로 협의.	N/A
	중대한 부정적 영향	• 매도인 – material damage 에 대한 조항 전체를 삭제하는 것으로 이해 • 매수인 – 4.4항에 material damage에 대해 "전체 매매가의 15% 이상의 영향을 미치는 손해"로 정의되어 있으므로 해당 조항의 정의를 본 항에 적용.	➡ 매도인은 중대한 부정적 영향 자체를 삭제하고자 하는 의도라고 하지만, 이를 받아들이지 않고, 중대한 손해가 없을 것으로 수정한 원안을 받아들이도록 설명할 예정.	• 매도인이 매수인의 설명을 수용하면 추가 결정할 사항 없음.

조항	항목	수정안	해결방안	결정사항
	매도인의 진술과 보장 – 환경	• 매도인 – 환경 문제 관련 진술 및 보장은매도인이 환경 문제에 관련하여 아는 내용이 있으면 공개할 것임.	• 매도인에게 추가적으로 조사의무를 부여하기는 어렵다는 것이 캘리포니아 부동산거래관행	
	매도인의 진술과 보장 – 부동산에 대한 정보	• 매도인 – 환경 문제 관련 진술 및 보장 삭제 • 매수인 – 매도인이 알고 있어가 알아야 할 의무가 있는 ("seller knows or should have known") 부동산 관련 문제를 공개해야 함	• 캘리포니아 법에 따라 매도인은 중요한 (material) 문서를 공개해야 함. 현행법 상 중요한 문서를 공개하지 않는 것은 사기죄에 해당할 수 있음. • 매도인 조사의무는 캘리포니아로 받아들이기 어려우므로 캘리포니아 관행을 존중한다면 진행하기 어려울 것임. • 진술보장 기간 중 회사 해산 가능성에 대한 매도인 입장 – 진술보장 기간 동안 회사를 해산하는 경우 tracing statute에 따라 주주들이 책임을 져야 하는 상황이 되므로 굳이 이러한 책임을 감수하면서 매도인은 해당 기간 동안 회사를 해산할 의사가 없다고 함.	
	거래 종결시 추가 배상 – 매도인에게 귀책사유가	• 매도인 – 추가배상 100k 제안 • 매수인 – 추가배상 300k 제안	• 매도인은 300k를 받아들이기 어렵다는 입장임. • 원안에는 없었던 추가배상을 주장하는 것이므로 매도인이 철회하고자 한다면 매수인	• 현재 매도인은 매도인 귀책으로 계약해지시 매수인에게 10만달러 한도로 배상하기로 하였음 • 그런데 매도인 귀책시 소유권이

조항	항목	수정안	해결방안	결정사항
	있을 시		즉 입장을 고수하는 것은 어려워 보임. 실사기간을 45일, 종료일을 20일로 유지하는 조건으로 250k로 제안하는 것이 양자 이해를 조절하는 협상안으로 보임.	• 이전을 구하는 방식도 유효하므로 10만달러 한도로 배상받는 방식만이 유일한 해결책은 아님 • 그보다는 실사기간을 45일로 확보하여 실제 거래 진행을 결정할 충분한 시간 확보를 하는 것이 실질적인 도움이 될 것임 • 이에 실사 기간 45일, 종료시까지 20일 기간 유지하는 조건으로 주 가배상을 250k에 동의하는 협상안이 적절해보임
	매도인의 책임 제한	• 매도인 – 9개월 / 매매 대금의 600k • 매수인 – 12개월 / 매매 대금의 1mil	진술보장 기간을 9개월로 대신 매매 대금의 5%인 USD 1mil으로 제안할 것임.	• 매도인은 자신의 계약 위반시 손해배상의 한도를 60만달러로 제한함 • 그런데 매수인이 지급하는 보장금이 100만달러라도 점을 고려할 때 매도인이 그보다 적은 60만달러만 배상하겠다는 것은 합리적이지 않음. • 이에 진술보장 기간을 9개월로 앙 보하되, 손해배상의 한도는 인안대로 100만달러를 유지하는 협상안이 적절해 보임

5) 경계침범 문제

항목	주요 내용
진술 및 보장	(a) T here is, and shall be, no adverse effect whatsoever on acquisition of clean and marketable title in the Property by the Buyer, expected future profits in relation to the use of the Property or continuation of the building on the Property. (b) there is, and shall be, no adverse effect on the value of the Property, present and future, such as reduction in the Property value, limitation on the profit to be derived from the property, resale or lease of any portion of the Property. (c) the volume constituting the encroachment on the Property by the structure in the property shall have no adverse effect structural or technical effect on the building, nor would it require any demolition or structural change of any building or structure in the Property. (d) No liability, including indemnification liability, monetary damages or loss, shall be incurred by the Buyer (e) benefits and enjoyment to be derived by the Purchaser from the lease of the Property shall not be limited in any manner or form, and the encroachment does not constitute any breach of the Lease.
면책	Notwithstanding any other provision in this Section or any other provision in this Deed, to the fullest extent provided under applicable laws, the Seller shall, indemnify and defend the Purchaser and its affiliates and each successors and assigns, its shareholder, partner, member, manager, director (or being deemed to have been a shadow director), officer, employee, agent, representative or consultant and advisors (the "Purchaser Indemnified Parties") against, and shall hold each of them harmless from and against, and shall pay and reimburse each of them for, (a) any losses, damages, liabilities, penalties, fines, costs or expenses of whatever kind, including reasonable attorneys' fees and the reasonable cost of enforcing any right to indemnification hereunder incurred or sustained by, or imposed upon, the Purchaser Indemnified Parties based upon, arising out of, with respect or by reason of any breach of any representation, warranty, covenant, condition or agreement herein; (b) any and all claims, demands, actions, suits or proceedings, whether civil, criminal, administrative or investigative (whether actual or threatened), in

항목	주요 내용
	connection with, or in relation to this Proceeding or to any part or section or the whole of the Property, known or unknown at the Signing Date, which shall include but are not limited to, (i) creation of the carve out of the volume out of the Property, of which title shall be transferred and the transfer of the title of the (ii) any remedies that the Buyer is required to undertake, including restoration arising from the easement of prospect and (iii) indemnity of ** million Euros and the legal expense and cost of payment of such indemnity
	(c) any and all loss, damage, liabilities and costs, including any loss, consequential or otherwise, which shall include but are not limited to the Buyer's monetary damages arising from its failure to sell the Property to a third party buyer in a future sale of the Property, adverse effect on value to the Property, any additional liabilities arising from any guarantees or liabilities (in contract, tort or otherwise) or undertaking of any equitable measures the Buyer would need to provide to a third party purchaser in a sale of any part of the Property
	(d) any and all loss, damage, liabilities and costs, including any loss, consequential or otherwise from any dispute, claims or action that is similar or substantially the same as the Proceeding

06 소송 및 중재

- 한국측 계약당사자는 일반적으로 동남아시아의 사법시스템을 불신하며 한국법 및 한국법원을 준거법과 소송관할로 지정하고 싶어하는 경우가 많음
- 그러나 한국의 법원에서 판결문을 받더라도 해당 해당국가에서 강제집행하기 위해서는 원칙적으로 **해당 국가 법령에 따라 법원으로부터 강제집행 승인을 얻어야 함**
- 일부 국가(예 베트남)의 경우 외국판결에 대한 강제집행 관련 규정을 두고 있으나, 실제로 법원에서 강제집행이 승인되는 사례가 매우 적거나 승인되더라도 강제집행 완료까지 8~10개월 이상의 장기간이 소요되는 경우가 많음
- 일부 국가(예 인도네시아)의 경우 외국 재판의 집행에 관한 규정이 아예 없기도 함
- 따라서 **한국법원에서 승소 판결문을 받더라도 이를 토대로 동남아시아 국가에서 실제로 강제집행을 실현하기에는 상당한 어려움이 있음**
- 분쟁 당사자 간의 합의로 분쟁을 법원의 재판이 아닌 중재인의 판정에 의하여 최종 해결하는 제도
- 국제상사중재는 상사 사건에 대한 전문성을 갖춘 중재인이 중재인 사이에 합의된 언어와 준거법(사건을 판단하는 기준이 되는 법)에 따라 판정을 내리게 됨
  - 중재지
  - 준거법
  - 중재기관
  - 중재언어

- 외국중재판정의 승인 및 집행에 관한 UN협약(United Nations Convention on the Recognition and Enforcement of Foreign Arbitral Awards)(일명 "뉴욕협약") 체약국에서 이루어진 중재판정은 구속력이 있으며, 각 국가에서의 승인 및 집행을 보장받게 됨
- 베트남, 인도네시아, 태국, 말레이시아, 인도, 캄보디아, 필리핀 등(미얀마 등 제외)은 뉴욕협약 체약국임
- 그러나 실무상으로는 해외 중재 판정의 경우, 해당 동남아 국가에서 실질적인 내용을 심사한 후 해당 국가법 기본원칙에 반한다는 이유 등으로 중재판정의 집행을 거절하는 사례가 있음
- 중재절차는 법원보다 중립성 또는 공정성이 확보된다는 점에서 분쟁해결을 위한 대체수단이 될 수 있으나, 계약서에서의 중재 문구 작성시 및 중재절차 개시 전 반드시 법률전문가와 충분한 협의를 통하여 중재절차 및 집행 단계 시 문제가 발생하지 않도록 준비할 필요가 있음

국내·국외 유가증권 보관관리 업무

01 외국인의 국내 유가증권 투자업무

1) 국내 주식시장 동향 및 시장 참가자 역할

(1) 국내 주식시장 동향

〈그림 8.1〉 코스피(KOSPI) – 과거 10년간 변화

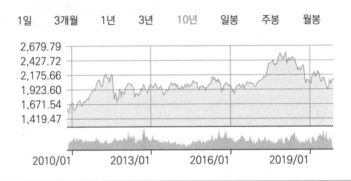

〈그림 8.2〉 코스닥(KOSDAQ) – 과거 10년간 변화

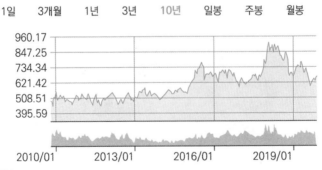

출처: 한국거래소

• 외국인 투자현황
• 상장주식: 38.5%
• 상장채권: 7.04%

〈표 8.1〉 외국인 투자 월별 변동현황

(단위: 십억원)

구분		주식 등				채권	총계
		코스피	코스닥	기타	소계		
'18년	6월	563,521	31,587	1,783	596,891	110,562	707,453
	7월	561,303	29,663	1,758	592,724	112,043	704,767
	8월	567,630	30,358	1,837	599,824	114,282	714,106
	9월	564,989	30,153	1,840	596,982	112,062	709,044
	10월	498,990	23,883	1,728	524,602	111,818	636,420
	11월	504,585	25,816	2,477	532,877	112,235	645,112
	12월	480,644	25,394	3,682	509,720	113,797	623,517
'19년	1월	536,889	26,474	3,818	567,181	110,186	677,367
	2월	532,105	27,484	4,101	563,691	109,975	673,666
	3월	524,056	27,416	3,147	554,619	111,453	666,072
	4월	545,327	28,806	1,731	575,864	112,025	687,889
	5월	504,347	25,700	2,396	532,443	119,202	651,645
	6월	532,086	25,190	2,572	559,848	124,540	684,388
	7월	518,125	23,316	1,825	543,266	124,152	667,418
	8월	501,745	22,300	2,426	526,471	125,903	652,374
	9월	530,410	22,975	2,461	555,846	127,188	683,034

출처: 금융감독원(2019년 9월말)

(2) 금융감독원 외국인 투자등록 현황(취소분 포함)

〈그림 8.3〉 외국인 투자등록 세부내역

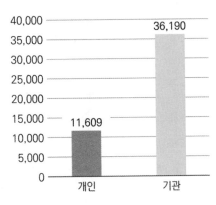

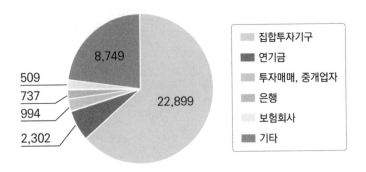

(3) 상위 Top 5개 국가

• 미국: 15,751

• 일본: 4,152

• 캐이만제도: 3,577

• 캐나다: 2,844

• 영국: 2,786

출처: 금융감독원(2019년 9월말)

(4) 외국인 국내 유가증권 투자 시장 참가자들 역할

〈그림 8.4〉 투자 유가증권 결제흐름도

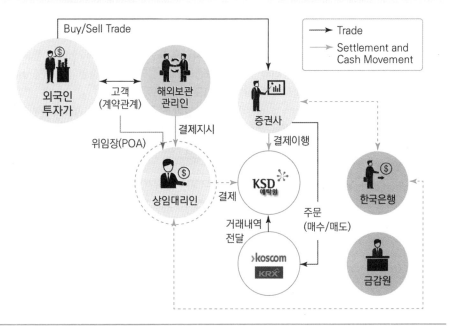

(5) 외국인 증권투자 관련 규정

① 상임대리인 선임(금투업규정 제6-22)

제6-22조(상임대리인의 선임)

① 외국인은 영 제188조제2항제1호 나목에 따라 제6-21조제1항의 보관기관 및 「한국은행법」에 의한 한국은행(외국 중앙은행, 「국제금융기구에의 가입조치에 관한 법률」 제2조제1항에 따른 국제금융기구, 외국 정부 등이 보유 또는 보유예정인 국고채권, 재정증권 및 통화안정증권에 관한 업무에 한한다)중에서 상임대리인을 선임할 수 있으며 선임한 상임대리인 이외의 자로 하여금 본인을 위하여 취득증권의 권리행사, 그 밖에 이와 관련된 사항 등을 대리 또는 대행하게 하지 못한다. 다만, 당해 외국인의 본국의 법령과 상충되는 등 부득이한 경우로서 금융감독원장이 인정하는 경우를 제외한다. 〈개정 2014.11.4〉

② 제1항에 따라 선임된 상임대리인은 당해 외국인을 위하여 선량한 관리자로서의 주의의무를 다하여야 한다.

---

② 유가증권 보관(금투업규정 제6-21)

제6-21조(증권의 보관등)
① 외국인은 취득한 증권(제6-7조제1항제8호 및 제9호에 따라 취득 또는 처분하는 증권 및 증권을 발행하지 아니하고 등록발행된 채권은 제외한다)을 예탁결제원, 외국환은행, 투자매매업자, 투자중개업자, 집합투자업자 또는 제4-15조제2항에 따른 외국보관기관(이하 "보관기관"이라 한다)에 보관하여야 한다. 다만, 증권의 권리행사 또는 실물확인을 위한 실사 등을 위하여 필요한 경우를 제외한다.
② 보관기관은 제1항에 따라 외국인의 위탁을 받아 보관중인 증권(법 제308조에 따른 예탁대상증권등에 한한다)을 예탁결제원에 예탁하여야 한다. 다만, 이 경우 당해 외국인의 본국 법령과 상충되는 등 부득이한 경우로서 금융감독원장이 인정하는 경우를 제외한다.
③ 외국인이 유상증자 등의 청약을 하는 경우에는 예탁결제원이 그 청약내용을 파악할 수 있도록 상임대리인 또는 거래 투자매매업자 또는 투자중개업자를 통하여 예탁결제원에 청약신청을 하여야 한다.

③ 투자전용계정(외국환거래 규정 제7-37조)

제7-37조(투자전용계정 등)
① 외국인투자자는 국내원화 증권에 투자(증권매각대금의 외국으로 송금을 포함한다)하거나 인정된 증권대차거래 및 환매조건부매매와 관련된 자금의 지급 등을 위해 외국환은행에 본인 명의 투자전용대외계정 및 투자전용비거주자원화계정(이하 "투자전용계정"이라 한다)을 통해 관련자금을 예치·처분할 수 있다. 다만, 국제예탁결제기구가 외국인투자자의 위탁을 받아 국채 또는 「한국은행법」 제69조에 따른 통화안정증권을 매매하기 위한 경우에는 당해 국제예탁결제기구 명의의 투자전용계정을 개설하여 관련자금을 예치 및 처분할 수 있다.〈기획재정부고시 제2013-21호, 2013.12.19. 개정〉

2) 상임대리인(자산보관은행) 업무

(1) 상임대리인(자산보관은행)의 업무

- 상임대리인 역할
  - 외국인은 선임한 상임대리인으로 하여 본인을 위하여 취득증권의 권리 행사, 그밖에 관련된 사항을 대리하며, 선임된 상임대리인은 당해 외국인을 위하여 선량한 관리자로서의 주의의무
- 외국인 투자등록 신청 대행
- 외국인 투자관련 계좌개설(투자 및 보관)
- 투자자산의 결제 이행 및 결제 자산의 보관
- 외국인 투자 관련 Client Services 및 투자자의 의견대변
- 투자자산의 결제이행제 및 결제 자산을 보관
- 자산관리 대행
  - Corporate Action Event－Announcement & Entitlement
  - 유무상 증자 참여
  - 주식 배당금 및 채권이자수령
  - 한국예탁원을 통한 의결권 행사(Proxy Voting)
  - 증권 대차업무 대행
  - 시장사항 전달 및 각종 보고서 지원

(2) 외국인 투자준비

[외국인투자의 투자등록 및 계좌개설]
- 투자등록에 필요한 서류
  - 외국인 투자가로부터 받은 공증된 POA(Power of Attorney)
  - 투자등록 신청서 작성
  - 관공서에서 발급받은 외국인 투자 신청자에 관한 증명서. 예를 들면, 거주자증명서(COR), 법인설립인가증(COI) 등.
  - 금융정보 제공 동의서(Consent Letter on the provision of financial transaction information)
  - 차명거래 금지 설명확인서
  - 예금자 보험법 설명확인

[Financial Information Exchange System(FINES)]

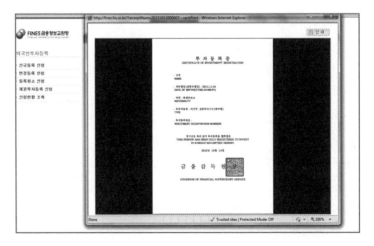

- 증권 투자 계좌의 개설(금투법 제6－14)
  - 외국이 증권 투자를 위하여 투자매매업자 또는 투자중개업자에 매매거래계좌를 개설하고자 하는 때에는 증권의 종류별로 구분하여 매매거래계좌를 개설하여야 한다. 이 경우 외국인은 투자등록증을 금융기관에 제시하고 투자등록명의로 매매거래계좌를 개설
- 증권 결제 및 보관계좌의 개설(외국인 투자등록증 취득후)
  - 투자전용 대외계정(외화, 예를 들면, USD, HKD, JPY, EUR, GBP and etc)
  - 투자전용 비거주자 원화계정(KRW)
  - 유가증권보관계좌

3) 외국인 투자 국내유가증권 결제방법

(1) 외화환전 및 매매 거래 결제

〈그림 8.5〉 환전 거래 결제 흐름도

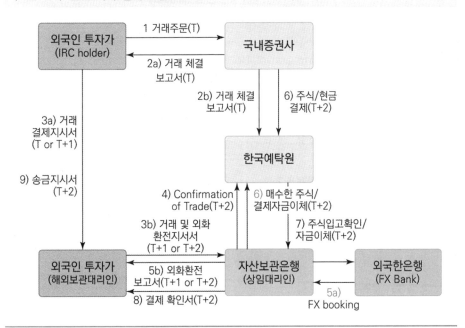

(2) 일반적인 결제방법

- SWIFT를 이용항 방법이 가장 일반적(ISO 2022, 2021년에 전환예정)

결제 지시서	1. IN(Instruction) • MT540(Receive Free) • MT541(RVP) • MT542(Deliver Free) • MT543(DVP)	2. OUT(Confirmation) • MT544(Receive Free) • MT545(RVP) • MT546(Deliver Free) • MT547(DVP) • MT548(Settlement Status & Processing)
Corporate Actions	1. IN • MT565(Instruction) • MT568(Narrative)	2. OUT • MT564(Notification) • MT566(Confirmation) • MT567(Status & Processing) • MT568(Narrative)
자금 결제이행	IN / OUT • MT102(Multi-Customer) • MT103(Single-Customer) • MT202(General Financial Institution) • MT192 / MT292(Request for Cancellation)	
보고서	OUT • MT535(Holdings) • MT536(Transactions) • MT900(Confirmation of Debit) • MT910(Confirmation of Credit) • MT940/MT950(Cash)	

- 당사자간의 합의한 시스템 또는 Global Custodian에서 제공한 시스템
- 팩스 전송 또는 이메일 전송

(3) 보관기관의 보수체계는?

- Minimum Fee
- Safekeeping Charge
- Transaction Fee
- Money Transfer Fee
- Separate tariff for physical securities
- Conversion Fee(DR, CB, BW 등)
- IPO handling fee
- Proxy Voting Fee

- Valuation Fee
- Out-of-pocket expenses

(4) 외국인 한도 제한

- 외국인한도

원칙적으로 각 종목별 외국인 한도는 발행 주식수 100%까지 허용, 그러나 일부 종목들은 그 한도가 정해져 있으며, 이유는 발전이나 통신 혹은 기타 국책 사업을 진행하는 기업의 경우 국가 기반시설에 해당하기 때문에 그 특성상 외국 자본에 의한 지배를 원천적으로 막을 필요가 있다고 판단이 되는 기업에 대해서 그 취득가능 비율을 발행주식수 대비 50%나 혹은 기타 적절한 수준에서 외국인 보유가능 한도를 설정

- 외국인 취득한도 관리대상 상장주식 현황(2015년 12월 기준)

근거법령	법상 한도		정관상 한도		유가증권시장 상장법인	코스닥시장 상장법인
	전체	1인	전체	1인		
자본시장법 (제168조)	40%	–	–	3%	한국전력	–
전기통신사업법 (제8조)	49%	–	–	–	KT, LG유플러스, SK텔레콤	SK브로드밴드, 아이즈비전, 온세텔레콤, 전파기지국, 녹십자셀
공기업민영화법 (제18조, 제19조)	–	15%	30%	–	한국가스공사	–
방송법 (제14조)	0%	–	–	–	SBS	KNN, 대구방송, YTN
	49%	–	–	–	화성산업, 현대홈쇼핑, 현대에이치씨앤, 스카이라이프, CJ헬로비전	한국경제TV, CJ오쇼핑, 인포뱅크, SBS콘텐츠허브, 디지틀조선, KTH, 씨씨에스, CJ E&M GS홈쇼핑, KMH

근거법령	법상 한도		정관상 한도		유가증권시장 상장법인	코스닥시장 상장법인
	전체	1인	전체	1인		
신문법 (제13조)	30%	–	–	–	–	스포츠서울, 제이콘텐트리
항공법 (제6조)	49.99%	–	–	–	대한항공 (우선주 포함), 아시아나항공	–
총 법인 수	33(34)				13(14)	20

국내펀드 투자업무

1) 펀드시장 현황 및 시장 참가자

(1) 국내 펀드 시장 현황

기준: 2019년 10월 21일

자산규모(단위: 십억원)			
총자산 (펀드순자산)	KRW 660,185	국내투자펀드	KRW 466,483 (70.66%)
		해외투자펀드 (국내외 혼합투자 포함)	KRW 193,702 (29.34%)
업계현황	(금융투자협회 회원수)		
자산운용회사	219		
신탁업자	12		
선물회사	5		
특별회원	23(사무관리회사, 집합투자기구 평가사, 채권평가사, 신용평가사 등)		

펀드 유형별로 본 순자산								
주식	채권	MMF	파생상품	부동산	PEF & 투자계약	재간접	특별자산	총계
87,227	141,374	123,134	52,665	95,328	2,800	34,653	123,004	660,185

출처: 금융투자협회

2) 해외 펀드설정시 검토사항

(1) 해외펀드 설정시 사전 검토사항

- 운용을 해외운용회사에게 위탁시
  - 운용회사, 위탁운용회사와 신탁업자간에 업무 협의 사항
  - 운용사와 위탁운용사 간의 위탁계약 체결(운용회사 현황, 철학, 과거성과, 운용목적, 자금관리, 운용방법, 리스크관리, 보수 등)
  - 운용지시의 방법, 보고서 등 합의(운용사, 신탁업자, 위탁받은 운용사간)
    - ▶ 유가증권 거래 지시나 해외 공시(CA) 지시, 필요한 보고서 등 결정 및 합의
    - ▶ SWIFT, FAX, Email 등
  - 해외유가증권 결제 불이행이나 연기시 확인 방법
  - 해외유가증권 기준가 산정을 위한 자료 수신 방안
  - 해외자문회사의 자문 계약시 운용회사와 해외 자문회사 간의 자문 계약, 결제 업무처리 절차는 운용사가 자문없이 직접투자결정시와 동일함
- 투자가 가능한 자산인지 여부와 취득하고자 하는 국가의 Network 여부
- 투자금을 안전하게 회수할 수 있는지 확인 및 유동성 검토
- 투자국가의 투자 등록 또는 승인이 필요한지 점검
- 결제 제도, 통화, 주기, 방법 등을 충분히 고려하여 환매주기를 결정
- 결제통화의 환전방법
- 해외에 투자를 위한 계좌 개설 소요 기간
- 원천징수(세율) — 이중과세협약 적용 여부 등
- 투자 후 투자한 자산에 관한 정보사항 취득 가능 여부
- 해외결제기관에서 추가로 발생하는 비용

(2) 국내 펀드 설정 / 환매 업무

〈그림 8.6〉 펀드 설정 · 환매 처리 흐름도

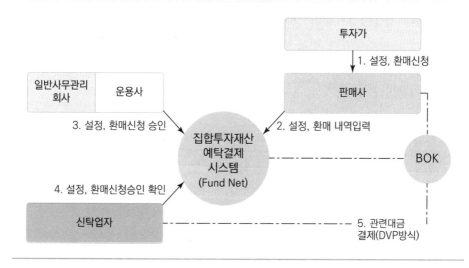

3) 해외투자 펀드설정 및 펀드 형태별 업무 절차

(1) 해외 투자 펀드란?

• 외국에서 발행 또는 창설되거나 유통되는 자산으로서 외국통화로 표시된 자산에 투자함

〈그림 8.7〉 해외 펀드 구분

- 해외 투자펀드의 특징
  - 환율변동에 따른 위험
  - 분산효과(다양한 국가에 투자)
  - 환매기간이 더 길고 대체로 수수료가 높음
  - 해당 해외국가의 전문성과, 정보수집력 등 인프라 구축이 요구되며 재간접펀드
  - 자문이나 위탁 형태 등을 취함

(2) 펀드자금 이동 및 외환시장의 영향

- 해외 투자펀드는 외화표시 자산에 투자함으로 현물환. 선물환 거래 등을 수반

〈그림 8.8〉 해외 투자펀드 가입시 자금 흐름도

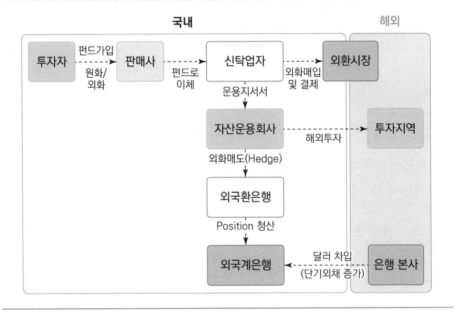

(3) 해외투자펀드 관련 당사자의 계약구조

〈그림 8.9〉 계약 당사자 관계 및 역할

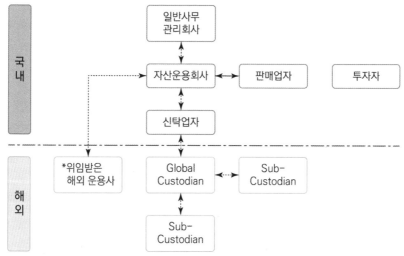

* 참조: 외국에 소재해야 하며 해당국의 허가, 등록 또는 신고된 자로 사실 여부를 금융감독위원회에 보고한 자

(4) 해외투자의 업무절차

	계약체결	신탁약관 체결
투자준비	계좌개설	증권 및 Cash 계좌 개설(Global Custodian, Broker)
	Tax 서류 작성, 제출	Global Custodian 앞 투자국별 필요 Tax 서류 작성, 제출
투자실행	매매주문	Trading Broker앞 주식매매 주문 및 매매확인서 수령
	증권매매/자금결제	Global Custodian 앞 주식매매 결제지시 및 외화송금
	매매결제확인	매매결제 여부 확인 및 매매 지연(Fail) 관리
사후관리	기업공시 Corporate Action(CA) 접수, 운용지시	CA 내용 접수 및 회계 반영, Voluntary CA 운용지시
	Cash/Holding 대사	Global Custodian과 Cash/Holding 잔고대사
	Tax Reclaim	Tax Reclaim 서류작성/제출 및 일정관리

(5) 해외투자펀드 결제 업무 흐름

〈그림 8.10〉 펀드 설정·환매시 결제자금 흐름도

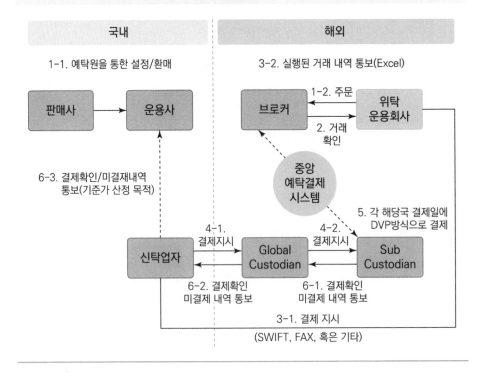

(6) 해외투자를 위한 계좌 개설 절차

• 해외 보관대리인(Global Custodian) 지정
• Global Custodian을 통하여 세계 각국의 Sub-Custodian에 계좌 개설
• 현지 보관대리인(Sub-Custodian) 지정
• Sub-Custodian에 직접 계좌개설
• 계좌의 종류
  − Omnibus Account; 비교적 간단하면 수일 이내에 가능함)
    계좌개설 신청서, 약관, 미국은(W-8BEN) 등 제공
  − Segregated Account; 다양한 서류 요구 및 상당한 기일을 요구함
    ▶ 공증 확인
    ▶ 영사 확인

▸ POA(Power of Attorney)

▸ COR(Certificate of Residence)

▸ 금감원 승인서, 수탁회사 정관 등

• 재간접투자기구(Fund of Funds) 계좌 개설 절차

- 한국예탁원의 외국펀드 투자지원 서버스를 통헤 역외펀드 매매 주문, 잔고관리, 관리 관리 등 후선업무 일체를 글로벌 펀드 플랫폼(Euroclear /Clearstream)과 연계하여 표준화·자동화된 방식 종합지원.

〈그림 8.11〉 한국예탁원을 통한 재간접펀드 설정 및 투자 흐름도

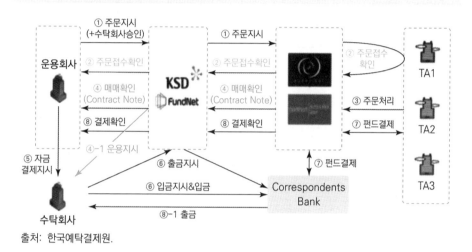

출처: 한국예탁결제원.

(7) 인도의 계좌 개설 절차

• 운용회사의 Foreign Institutional Investor("FII") 취득

• FII application Form 작성, 운용회사 영문 정관, 최근 운용회사 영문 재무제표 등

• 펀드별 Sub-account 개설

• Sub-account application form, 공증과 영사 확인 POA, Photocopy of PAN Card

• FII와 Sub-account 비용

• FII 비용은 USD10,000 이며 Sub-account 비용은 USD2,000이며 3년마다

갱신요구

• 운용회사가 Tax Agent 지정

• Tax Agent를 통하여 Permanent Account Number ("PAN")신청

• PAN CARD 발행이 확인된 후에 Sub-account 계좌 개설이 가능함

• 인도 계좌 개설 준비 서류 예시

〈그림 8.12〉 견본서류(인도)

India POA

FII Application Form

(8) 베트남의 계좌 개설 절차

• 요구하는 서류가 복잡하며 비상장주식에 투자시는 추가 서류를 요함

• QFII 계좌개설 소요 시간은 모든 서류가 베트남 감독 기관이 접수 후 7주 내로 되어 있으나, 서류 접수후 번역, 공증 등의 시간까지 감안하면 보통 2 달 이상이 소요됨

• 상장주식에 투자시 Securities Trading Centre('STC') 에서 STC Code를 받아야 되며, STC Code가 있어야, 베트남 Sub-custodian과 현지 증권사에 유가증권 투자에 필요한 계좌를 개설가능함

• 비상장주식에 투자시 State Bank of Vietnam ('SBV')에 Capital Contribution Account('CCA')를 등록해야 됨

• 베트남 계좌 개설 준비 서류 예시(1)

〈그림 8.13〉 견본서류(베트남)

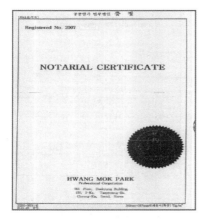
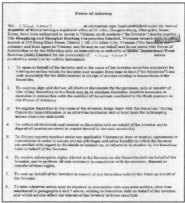
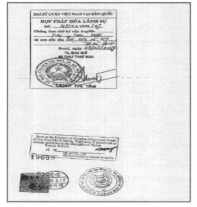
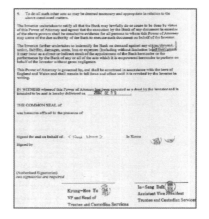

〈그림 8.14〉 견본서류(계좌 개설)

Required Documents

Vietnam POA

4) 해외 펀드 세금 환급 및 외국납부세액 환급 절차

(1) 해외투자계좌 개설 및 세금납부 과정

• 투자국과 한국간의 이중과세방지협약(Double Tax Avoidance Agreement, DTA)
에 따른 배당금 수령 절차

〈그림 8.15〉 배당금 수령시 원천징수 적용 과정 흐름도

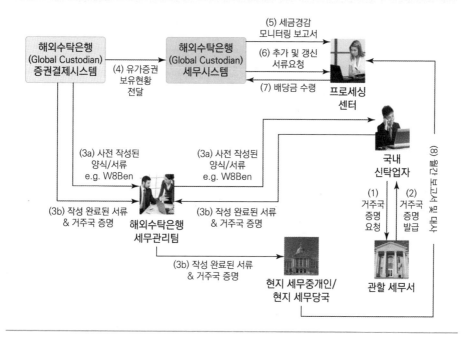

(2) 집합투자기구의 외국납부세액 환급

① 법령 목적/조항

• 해외자산에 대한 간접투자시 이중과세를 방지하여 직접투자와 간접투자간
과세불형평 문제를 해소
• 법인세법 제57조의 2(간접투자회사 등의 외국납부세액공제 특례)
• 법인세법 시행령 제94조의 2(간접투자회사 등의 외국납액공제 특례)

② 법령 내용
- 대상 집합투자기구: 투자신탁, 투자회사, 사모투자회사 등
- 국외의 자산에 투자하여 얻은 소득에 대하여 납부한 외국법인세액
- 공제한도세율: 14%(이자/배당소득의 원천징수세율)

③ 환급 절차
- 운용회사: 투자신탁 결산일 이후 3개월 이내 관할세무서에 외국납부세액 환급신고서 제출(투자신탁을 대리하여 환급신고)
- 신탁업자: 투자신탁 결산일 이후 1개월 이내 관할세무서에 외국납부세액 확인서 제출

④ 환급세액의 계산
환급세액 = 외국납부세액 × 환급비율
- 환급비율: (과세대상소득금액 / 국외원천과세대상소득금액)
  단, 환급비율 > 1이면 1, 환급비율이 < 0이면 0으로 함.
- 외국납부세액공제(환급)제도 도입배경
  - 해외유가증권에 투자시, Sub−Custodian이 납부한 배당소득세 및 이자소득세를 과세 기준가로 평가하여 과세했으나, 투자가의 이중과세의 불합리성 해소 위한 특례
- 관련법
  - 법인세법 제57조의2 [간접투자회사등의 외국납부세액공제 특례]
  - 법인세법시행령 제94조의2 [간접투자회사등의 외국납부세액공제 특례
- 내용요약
  - 외국에 납부한 세금을 소득세법 제129조의 규정에 의한 세율(14%)한도까지 국세청에서 펀드로 환급함
  - 환급방법: 운용회사는 수탁회사가 해당 집합투자펀드의 회계기간 후 발급하는 외국납부세액 확인서(1개월이내 발급)를 첨부하여 회계기간 종료 후 3개월 이내 관할세무서에 환급신청
- 외국 납부세액 환급처리

(3) 계약서 형태의 업무 흐름도

① 신탁업자

※ 관리번호	-		제출연월일	20XX. 08. 17

집합투자재산에 대한 외국납부세액 확인서

작성제출자(수탁회사 등)		자산운용회사		간접투자재산		
① 법 인 명	② 사업자등록번호	③ 법 인 명	④ 사업자등록번호	⑤ 투자회사명 또는 투자신탁명 (금융상품코드)	⑥ 사업자 등록번호	⑦ 사업연도 (회계기간)
홍콩상하이은행 서울지점	102-84-00679					

※ 표시란은 기입하지 마십시오

⑧ 유가증권명	⑨ 보유수량 (액면금액)	⑩ 이자율/ 배당률	⑪ 소득금액 (통화명)	외국납부				원화환산액		외국원천징수의무자		
				⑫ 연월일	⑬ 세율	⑭ 세액	⑮ 기준 (제정) 환율	⑯ 소득 금액 (⑪×⑮)	⑰ 납부 세해 (⑭×⑮)	⑱ 국가 (국가코드)	⑲ 법인명	⑳ 납세 번호
합 계												

② 운용회사

[별지 제69호의2 서식] (2006.1.31.제정)			(앞쪽)
※접수번호 -	외국납부세액 환급신청서		처리기간 즉　시

1. 신청인

①법인명			
②사업자등록번호		③대표자성명	
④업태 / 종목		⑤전화번호	
⑥소재지			

2. 환급신청 내역

⑦투자신탁의 금융상품명		⑧(상품코드:　　　　)	
⑨투자신탁의 회계기간	년　　월　　일 ~ 년　　월　　일		
⑩환급신청 금액계산	⑪당해 회계기간의 환급대상 외국납부세액		
	⑫환급비		
	⑬환급받을 수 있는 금액(⑪×⑫)		

5) 신탁업자의 감시업무 및 확인업무

(1) 신탁업자의 운용행위 감시 업무 – 업무의 개요

집합투자업자의 운용에 대한 감시		보고서 작성과 확인 업무	
• 운용행위 감시(법 80조부터 85조) • 집합투자규약의 투자대상자별 투자한도 • 그 밖에 자산운용행위를 감시하기 위하여 필요한 사항으로서 금융위원회가 정하여 고시하는 사항		• 자산보관관리 보고서 작성과 제공 • 집합투자재산평가기준 확인 • 자산운용보고서 확인 • 장외파생상품의 위험관리 방법의 확인 • 기준가격 적정성 확인(편차 1,000분의 3 이내)	
계량적 운용행위 법 80조부터 84조	비계량적 운용행위 법 85조 (모법규준 특례조항)	보고서 작성	확인 업무

6) 펀드 기준가(NAV) 산출

(1) 국내 펀드 재산 평가

기준가격(Net Asset Value) 산정

(2) 수익증권좌수

- 지분권을 표시하는 거래단위
- 일반적으로 신규설정시 1원을 1좌로 발행함

(3) 기준가격

- 매매의 기준이 되는 가격으로 1좌당 순자산

(4) 가격

- 일반적으로 1,000좌 단위로 산정공고
- 셋째자리에서 4사 5입하여 둘째자리까지 계산

펀드	설정	• 약관 및 정관에서 정한 좌당 발행가격 기준 • 발행가액 기준으로 신규자금 납입일이 펀드설정일 • 현물로 설정시 현물이 전액 입고되는날이 펀드설정일 • 추가설정액 = (추가설정좌수 × 기준가격) / 계산단위(최초기준가) • 추가설정금중에 원본초과 및 부족시는 설정조정금으로 처리
	해지	• 약관 및 정관에서 정한 좌당 환매가격이 공시되는 날을 기준 • 현물로 해지시는 현물전액 출고되는 날을 펀드해지일로 본다 • 일부해지시는 원본초과 및 부족시 해지조정금으로 처리한다 • 일부해지금액 = (해지좌수 × 기준가) / 계산단위(최초기준가)

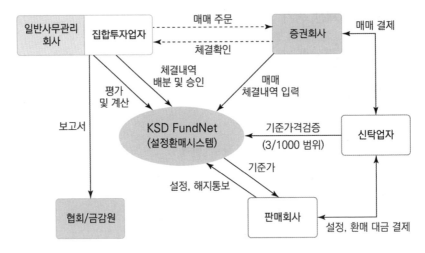

Method: KSD system, FTP, Fax, E-mail KSD, KOFIA and Distributor

7) Case Study - 베트남 시장

베트남 시장은?

(1) Trading

• 기본 개념
  – 거래와 결제는 월요일에서 금요일까지 이루어짐
  – 주식은 VND로 거래되며 액면가는 VND10,000
  – 거래는 오직 한 개의 허용된 증권회사를 통해서만 STC에서 가능함
• 베트남 주식시장의 참여기관
  – STC (Securities Trade Center)
  – Depository in STC
  – BIDV(bank for Investment & Development of Vietnam)

- 증권사 & Custodian bank
- SSC(State Security Commission)
- SBV(State Bank of Vietnam)

(2) 외화 환전

- VND의 환전은 실수요 증명이 있어야 가능함
- 국내에서만 이동이 가능하며 외국인 투자자는 VND 및 외화계정 2개의 Cash a/c를 개설해야 됨
- SBV에서 매일 VND/USD rate를 발표

단, value date = settlement date − 1 (매수자금 환전시)

step 1: 운용사의 환전 요청
step 2: 신탁업자의 환전지시
step 3: Global Custodian의 환전 지시
step 4: 베트남 국내에서 환전 처리

(3) 결제

Settlement Cycle: Trade + 3(for security)

(4) 매도자금 국내반입

1) STC에서 거래 확인 및 결제
2) 거래세 매도금액의 0.1%
3) 매도대금을 미화로 한전은 결제일 익일날 가능
4) 미화로 환전된 매도자금은 Sub-custodian의 계좌에 입금됨
5) 운용사의 지시서에 의해 수탁사는 본국으로 결제자금을 송환요청
6) Global Custodian을 통하여 국내에 반입 펀드계좌에 원화로 입금가능

국제조세 법률 및
조세감면 제도

01 Prologue

1) Apple의 선택

* The Tax Free Tour(Dutch Documentary Film, 2013) 中

02 국제조세 개요

1) 현지법인, 모자법인, 지사, 지점, 연락사무소…?

(1) 해외현지기업: 해외현지법인, 해외지사, 연락사무소를 통칭하는 의미

- 해외 현지법인: 해외직접투자로 외국법령에 의거 설립
- 母子법인: 투자한 법인이 母법인, 피투자법인은 子법인
- 지사: 지점 & 사무소
- 연락사무소: 영업행위를 하지 않는 사무소

〈그림 9.1〉 해외현지기업의 예시

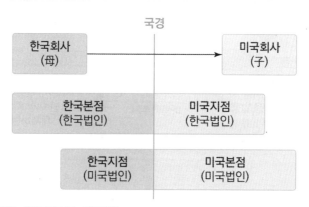

* 미국회사는 해외 현지법인이자 외국법인

* 미국지점은 내국법인 국외사업장

* 한국지점은 미국법인 국내 사업장

2) 거주자

① 소득세법상 거주자(소법§1): 개인
- 국내에 주소 또는 183일 이상 거소를 둔 개인
- 183일 이상 거주필요 직업을 갖거나, 국내 가족 거주 & 직업·자산 상태로 183일 이상 거주할 것으로 인정된 때
- 항공기 등 승무원은 가족이 국내거주 or 통상 국내체재 시
- 해외파견 공무원 or 내국법인 국외사업장 or 100% 해외현지법인 근무 임직원

② 법인세법상 내국법인(법법§1): 법인
- 국내에 본점 or 주사무소 or 사업의 실질적관리장소를 둔 법인

③ 조세조약상 거주자
- 소득세법상 거주자 + 내국법인

3) 거주자 판정

〈그림 9.2〉 거주자 판정

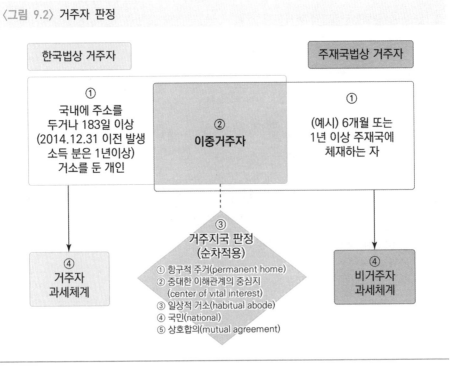

4) 국제거래

① 과세소득 조정시 유형에 따라 정상가격 과세조정(국제거래, 국조법), 부당행위 계산부인(국내거래, 법인세법 등) 방법이 달리 적용

② 국제거래 정의(국조법§2): "국제거래라 함은 거래당사자의 어느 한쪽이나 양쪽이 비거주자 또는 외국법인인(비거주자 또는 외국법인의 국내사업장은 제외) 거래로서 자산 등 매매·임대차, 용역의 제공, 금전의 대부·차용 등 모든 거래"

③ 국제거래 예외(국조법령§3조의2)

- 자산의 무상이전(현저히 저렴한 대가로 이전하는 경우 제외), 채무면제
- 무수익자산 매입(현물출자), 당해자산 비용 부담
- 출연금 대신 부담
- 합병 등 자본거래

5) '국제거래' 구분 이유

구분	특수 관계	부당히 조세 감소	대상 거래	적용기준		대응조정	소득처분	과소 신고 가산세
부당행위 (법인세법)	○	○	국내	시가	특정가격 (율)	×	법법 §67에 따라 즉시	○
정상가격 과세조정 (이전가격) (국조법)	○	×	국제	정상 가격	가격· 범위 모두 포함	○	국조법 §9에 따라 임시유보(90일) 후 미반환시 처분	△
	지분 or 지배		*예외 주의		ex) 사분 위법	상호합의 필요	부과제척기간 4월 이상시 임·유	면제 가능

- 법인세법: 배당, 상여, 기타소득, 기타사외유출, 유보, 기타(잉여금)
- 국조법: 배당, **출자의 증가**, 기타사외유출

6) 조세조약

(1) 조약은 국내세법과 동일 효력이 있으나(헌법§5) 특별법 성격으로 국내세법에 우선하여 적용(조약 미체결국 제외)

(2) 국제거래를 규정한 국조법은 기타 내국세법에 우선(국조§3)

　요약: 조세조약 〉국조법(국제거래) 〉법인세법 등(국내거래)

조세조약(세율)	국내세법(세율)	결과(세율)	비고
제한세율(12%)	과세(15%)	제한세율(12%)	조세조약 우선
과세	비과세	비과세	조약은 새로운 과세권창출 ×
제한세율(15%)	일반세율(12%)	일반세율(12%)	조약은 새로운 과세권창출 ×

03 이전가격 세제

1) 정상가격과세조정(이전가격세제, Transfer Pricing)

〈그림 9.3〉 **정상가격과세조정**

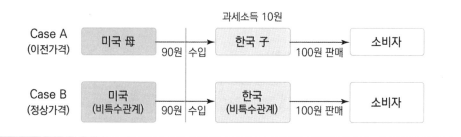

정상가격과세조정(국조법 제4조)이란 국외특수관계자와의 거래에서 정상가격과 다르게 소득의 이전이 있는 경우 이를 재계산하는 것

2) 정상가격 사전승인 제도

정상가격 산정을 위한 적정한 이전가격 및 그 결정방법에 대해 납세자가 과세당국과 서로 사전에 합의하는 제도(국조법 제6조)

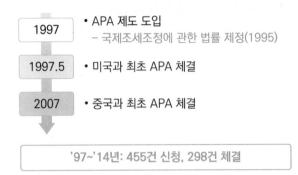

1997	• APA 제도 도입 － 국제조세조정에 관한 법률 제정(1995)
1997.5	• 미국과 최초 APA 체결
2007	• 중국과 최초 APA 체결

'97~'14년: 455건 신청, 298건 체결

3) 정상가격 사전승인 신청 및 처리 현황

〈그림 9.5〉 APA 신청 및 처리 현황

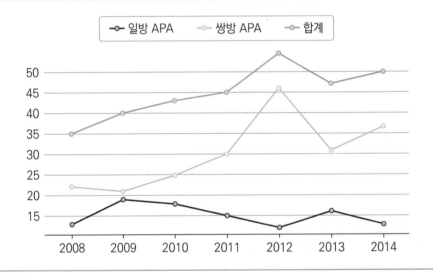

비거주자 · 외국법인 국내원천소득 과세

1) 비거주자 외국법인 국내원천소득 과세 체계

〈그림 9.6〉 비거주자 외국법인 국내원천소득 과세 체계

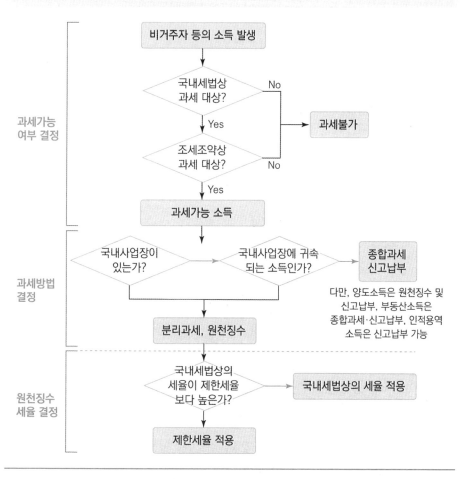

2) 조세조약과 국내세법과의 관계

조세조약이 국내세법에 우선 적용(특별법 위치)

➡ 과세권배분, 소득구분, 제한세율

① 다만, 구체적인 과세방법, 과세절차 등에 관하여는 규정하지 않기 때문에
일반적으로 국내세법을 적용
"비거주자 및 외국법인의 국내원천소득의 구분에 관하여는 소득세법 제119
조 및 법인세법 제93조의 규정에 불구하고 조세조약이 우선하여 적용된다"
(국조법 제28조)

3) 외국법인의 국내사업장(고정사업장, Permanent Establishment)

① 외국기업이 사업의 전부 또는 일부를 수행하는 국내의 고정된 사업장소
(일반·간주PE)(법인세법 제94조)

② 사업소득 과세여부 결정
• 조약체결국 간 고정사업장 없이는 사업소득 과세×(미체결국 2% 원천징수)

③ 과세방법 결정
• 고정사업장 × → 원천징수, 고정사업장 O → 국내소득 신고납부

④ 이자·배당·사용료소득 제한세율 여부 결정
• 고정사업장 × → 제한세율 원천징수, 고정사업장 O → 제한세율 × 신고납부

4) 국내원천소득 원천징수 체계

① 원천징수의무자
• 국내원천소득을 지급하는 자 또는 세법에서 원처징수의무자로 지정된 자
(증권회사를 통해 양도하는 경우 당해 증권회사)

② 납세지
• 원천징수의무자 개인 → 국내사업장, 주소지, 거소지
• 원천징수의무자 법인 → 법인본점, 주사무소, 실질적 관리장소

③ 원천징수시기

• 비거주자 등에게 현실적으로 지급하는 때
• 원천징수세액 계산시 상계 불인정

④ 과세표준

• 비거주자 등에게 지급하는 국내원천소득의 총액

5) 국내원천소득 원천징수 체계(세율)

(1) 조세조약이 없거나 거주지국을 확인할 수 없는 경우

소득의 종류	원천징수세율
이자, 배당, 사용료, 기타소득	20%(채권이자 14%)
인적용역소득	20%
유가증권, 부동산 양도소득	Min(양도가액 10%, 양도차익 × 20%)
사업, 선박·항공기 임대소득	2%
근로, 연금, 퇴직소득	거주자와 동일

(2) 제한세율: 조약상 원천지국에서 과세할 수 있는 최대한의 세율

• 이자, 배당, 사용료 소득에 국한
• 제한세율에는 대부분 지방소득세 포함(미국, 필리핀 등은 제외)
• 통상 5~15%로 국내세법상 원천징수세율보다 낮음

※ 예시: 비영업대금 이자 지급시			
원천지국	거주지국	원천세율	법령
대한민국	대한민국	25%	소법 §129, 법법 §73
	대만	20%	(미체결국)소법 §156, 법법 §98
	미국	12%	제한세율, 조약 §13(이자소득)
	일본	10%(지방세 포함)	제한세율, 조약 §11(이자소득)
	아일랜드	면제 (지방세 포함)	제한세율, 조약 §11(이자소득)

6) 외국인투자 조세감면제도(조세특례제한법)

적용대상	조세지원 내용	관련 조항
외국인 투자기업	소득에 대한 법인 (소득)세 감면 *(폐지)	법121의2 ②
	재산에 대한 취득 · 재산세 감면	법121의2 ④,⑤
	자본재 도입시 관세 · 개별소비세 · 부가세 면제	법121의3 ①,②
외국인기술자	근로소득세 감면	법18조
외국인근로자	외국인근로자 과세특례	법18의2

* 소득에 대한 법인(소득)세 감면은 2018.12.31.까지 조세감면 신청분만 적용

- 유럽연합의 한국 조세회피처 지정 이후 조세특례제한법 개정

뉴스 > 조세 > 내국세 ∨

'외국인투자기업' 세금 감면 특례 역사의 뒤안길로...

[조세일보] 이형재 기자 ∨   + − ⬚

보도 : 2018.12.03 11:53   수정 : 2018.12.03 11:53

외국인투자기업에 대한 법인세·소득세 감면 특례가 올해를 끝으로 전면 폐지된다.

국회 기획재정위원회 조세소위원회(위원장 김정우)는 지난 2일 이 같은 내용의 '조세특례제한법 일부개정법률안'에 합의했다.

외국인투자기업에 대한 세금 감면은 신성장동력산업에 투자하거나 외국인투자지역·경제자유구역·자유무역지역 등에 입주한 외국인투자기업에 대해 5년간 또는 7년간 법인세·소득세를 감면함으로써, 외국인투자를 촉진하려는 취지에서 도입되었다.

경제 일반 ▾

한국, EU 지정한 '조세회피처' 리스트 완전 탈출

CBS노컷뉴스 김민재 기자🖂 | 2019-03-12 22:30   🔵 뉴스듣기   💬 0   ↗ 0   가   🖨

EU, 한국의 외투기업 법인세 감면 제도에 '조세회피처' 의심
지난해 제도 개선 약속으로 '그레이리스트'로 한 단계 낮춰
대체 방안 마련하고 법인세 감면 제도 폐지로 '조세회피처' 오명 벗어내

• (폐지) 법인세 7년 감면(최초 5년 투자비율만큼, 다음 2년 투자비율의 50%)

구 분	투자요건 등
(1호) 신성장동력 산업기술을 수반하는 사업 (자율주행차, 인공지능, 클라우드, 빅데이터, 실감형 콘텐츠, 지능형 반도체, OLED, 3D 프린팅, 바이오농수산, 헬스케어, 신재생에너지, 고기능섬유, 초경량금속, 하이퍼플라스틱, 첨단제조 산업로봇, 무인이동체, 우주 등)	국내산업구조의 고도화와 국제경쟁력 강화에 긴요한 신성장동력산업기술을 수반하는 사업으로서 다음의 요건을 모두 갖출 것(조특법 기행령 제116조의2) • 사업을 영위하기 위해 공장시설을 설치 운영할 것 • 투자금액이 US$ 2백만 달러 이상일 것
(2호) 외국인투자촉진법 제18조 제1항 제2호 규정에 의한 외국인투자지역 (개별형) 입주기업 및 경제자유구역, 새만금사업지역, 제주 첨단과학기술단지, 제주투자진흥지구 등 입주 기업	• 제조, 시스템통합, 자료처리업 등: 3천만 달러 이상 • 관광, 휴양, 국제회의, 청소년수련 등: 2천만 달러 이상 • 물류업, SOC 등: 1천만 달러 이상 • R&D: 2백만 달러 이상 • 공동사업: 3천만 달러 이상

※ (폐지) 법인세 5년 감면 대상 · 투자요건 등 설명 생략

• 지방세(취득세 · 재산세) 감면(존속)
  – 외투기업이 감면대상 사업 영위를 위해 취득 · 보유하는 재산에 대해 법인세 감면기간과 동일하게 세액감면(or 과세표준 공제)
    → 처음 3~5년간 투자비율 전액 재산세감면, 이후 2년 50% 감면

• 관세 등 면제(존속)
  – 외투기업이 감면대상 사업에 직접 사용되는 다음의 자본재로서 신주발생 주식 취득에 의한 외국인 투자신고에 따라 도입되는 경우 관세 등 면제
    → 외투기업이 해외투자가로부터 출자 받은 대외지급수단 또는 내국지급수단으로 도입하는 자본재
    → 해외투자가가 출자목적물로 도입하는 자본재

SECTION

05 해외투자 관련 과세문제

1) 진출 형태에 따른 구분

(1) 통상: 연락사무소 → 지점 → 현지법인 순으로 진출

지점 진출	현지법인(자회사) 진출
해외지점 손실은 국내 본점이익과 상계 → 국내 본점 절세	현지의 각종 조세감면 혜택 수혜 가능(지점은 혜택에서 제외되는 경우가 대부분)
현지 과세당국의 요구사항이 자회사에 비해 간단하여 경영원가 절감 가능	현지법인이 국내 본점에 송금하는 사용료, 이자, 용역수수료 등은 모두 현지법인 손금인정
현지 상황에 따라 주주나 이사가 현지인일 것을 요건으로 하는 경우가 있으나 지점은 그러한 요건에서 자유로움	지점의 이익은 국내 본점 이익으로 자동적으로 흡수되나, 현지법인은 이익을 유보하여 국내 본점의 수익인식 시기를 조절할 수 있고, 자회사 처분시까지 이익 유보시 유보이익을 주식양도소득 형태로 국내 본점에 이전 가능

(2) 해외현지법인(자회사) 납세의무

- 현지의 법률에 따라 설립된 외국법인이므로 진출국의 세법에 따라 신고납부
- 국내에 신고납부의무 없음(현지법인 명세 등 제출의무 제외)
- 자회사 이윤 국내 배당 시 배당소득 국내 법인세신고의무(외국납부세액공제)
- 현지 과세당국으로 부터 이전가격 과세 위험 상존

(3) 지점 및 연락사무소 납세의무

- 지점은 국내 본점의 일부이므로 본점 결산에 합산되어 국내에서 신고
- 지점이 **고정사업장**에 해당한다면 진출국 세법에 따라 현지에도 신고납부
- 사업을 수행하지 않는 단순 연락사무소는 과세문제 ×

2) 외국납부세액공제

(1) 원천지국과 거주지국에 모두 과세권이 있는 경우 이중과세 방지를 위한 규정

구분	조약 요건	내용	근거
직접 외납세액공제	×	내국법인의 국외원천소득 중 일부가 국외에서 세금으로 이미 납부된 경우(원천징수세액 등)	법법 57조①
간주 외납세액공제	O	외국 법인세 감면 상당액(실제납부 ×)	법법 57조③
간접 외납세액공제	×	내국법인이 현지자회사로부터 수입배당금을 받을 때 배당금의 비율에 해당하는 현지자회사의 법인세 등 납부금액	법법 57조④
외국 Hybrid 국외투자 외납세액공제	×	외국법인(Hybrid)으로부터 수입배당금 수취하였으나 배당원천세액 납세의무자가 외국법인이 아닌 배당금 수취자(내국법인) 본인인 경우	법법 57조⑥

3) 조세피난처세제(경과세국 유보소득 배당간주, CFC)

내국인이 외국에(법인세가 없거나 낮은) 특수관계 법인을 설립하고 소득을 유보하고 있는 경우 배당하지 않더라도 내국인이 배당 받은 것으로 간주하여 과세하는 제도

- 내국인이 20% 이상 출자한(특수관계) 경과세국(세율15%이하) 소재 법인의 유보소득을 배당으로 간주하여 익금산입 과세
- 단, 경과세국 소재 법인이 실제사업을 영위하거나 **지주회사**인 경우는 과세 제외
- 단, 실세사업을 영위하더라도, 도매, 금융 및 보험, 부동산업, 임대업, 사업서비스업(정보처리, 건축엔지니어링업 등 제외)은 과세될 수 있음

※ 지주회사: 자회사지분 40% 이상 & 6개월 이상 보유 & passive income 90% 이상

4) 지점세(Branch Tax)

현지자회사 진출과 지점 진출의 과세형평성 유지 목적으로 본점으로의 이윤 송금시 정해진 세율로 지점세 원천징수 ≒ 배당원천세
- 단, 조약상 지점세 과세를 명시하여 체결한 일부 국가간 적용
- 캐나다, 프랑스, 호주, 인도네시아, 필리핀, 브라질, 카자흐스탄, 모로코, 태국 등
- 지점세 부과시기는 각국 내국세법상 사업연도에 따라 다소 상이

5) 해외주재원 세금문제

해외주재원의 경우 양국 모두 거주자로 보아 과세하는 이중과세 발생 소지가 있음
- 1년 이상 국외에 거주할 것을 통상 필요로 하는 직업을 가진 때에는 비거주자(소득세법 시행령 제2조 4항)이나, 이 경우에도 생활의 근거가 국내에 있는 경우 우리나라 거주자
- 또한, 국외근무 공무원이나 내국본점이 100% 출자한 현지자회사에 파견된 임직원은 1년 이상 국외에 거주해도 국내거주자(소령 제3조, 소통1-3…1)
- 외국 당국도 자국내 지점 등에 6개월~1년 이상 주재하는 경우 자국 거주자로 판단하므로, 이중거주자 문제 발생 → 앞장 거주자판정 참조

6) 기타 세금문제

(1) 해외부동산 운용·양도시 세금문제

구분	납세의무자	내용	근거
해외부동산 운용 소득	국내거주자	• 해외부동산(주택포함) 임대소득 발생시 국내에 종합소득세 신고납부 • 1주택도 신고대상, 3주택시 전세(간주임대료)도 신고대상 • 현지 납부세금은 외국납부세액공제	소법 12조(2), 소령 8조의2①

구분	납세의무자	내용	근거
해외부동산 양도 소득	국내거주자로서 양도일 이전 5년간 국내거주	• 장기보유특별공제, 1세대 1주택 비과세특례 적용 × • 양도일이 속하는 달의 말일부터 2월 이내 예정신고 or 이듬해 5월까지 확정신고 • 현지 납부세금은 외국납부세액공제	소법 118조의 2~118조의 8

(2) 해외주식 관련 세금문제

구분	배당금 수령시	양도시
해외주식 직접투자 (증권사)	• 수령시 증권사에서 배당소득 원천징수 후 지급 • 배당금 & 국내금융소득 합산액 2천만원 이상시 종합소득세 신고납부 의무	• 해외주식은 비과세 없음. 양도시 모든 주식 양도소득세 신고의무 • 증권사가 발행한 '주식양도소득금액 계산보조자료' 발급받아 양도소득세 확정신고(예정신고 ×)
해외주식 간접투자 (직접 펀드참여)	• 수령연도 이듬해 5월 종합소득세 신고납부 의무 • 현지 원천징수세액 외국납부세액공제	• 모든 해외주식 양도는 양도소득세 신고의무 • 주식거래내역서 등 첨부하여 직접 양도소득세 확정신고 • 현지 원천징수세액 외국납부세액공제

06 해외금융계좌 신고제도

1) 해외금융계좌 신고제도(국조법 제34조~제37조)

거주자 또는 내국법인이 보유한 해외금융계좌 잔액 합계가 5억원을 초과하는 경우 그 해외금융계좌 정보를 매년 6월까지 세무서에 신고하는 제도이다.

신고 의무자	• 거주자 해외금융회사에 개설한 계좌를 보유하면서 (은행, 증권, 파생상품 계좌 등) • 신고대상연도 매월 말일 중 어느 하루의 계좌 자산 합이 5억원 이상인 자 (현금, 주식, 채권, 집합투자증권, 보험상품 등 모든 자산)
신고 면제자	• (외국인거주자) 신고대상 연도 말일 10년 전부터 주소를 둔 기간이 5년 이하인 자 • (재외국민) 신고대상연도 말일 2년 전부터 국내 거소를 둔 기간이 183일 이하인 자
미신고 과태료	• 20억원 이하 해당금액의 10% • 20억원 초과 해당금액의 15% ~ 20% • 미신고하였어도 기한후에라도 신고하면 기간에 따라 과태료 감경(신고기한이 지난 후 1개월 ~ 2년이내 70% ~ 10%까지 감경)

법령 (1):
외국환거래 일반

01 외국환거래법령 기본개념

1) 외국환거래제도 개요 - 목적

외국환거래 및 대외거래의 자유를 보장하고 시장기능을 활성화함으로써 대외거래의 원활화, 국제수지의 균형 및 통화가치의 대외적 안정을 통해 국민경제의 건전한 발전에 이바지하는 데 최종적인 목적이 있다(외국환거래법 제1조).

- 「외국환관리법」(1961.12월): 원칙적 규제, 예외적 자유(Positive System)
- 「외국환거래법」(1999.4월): 원칙적 자유, 예외적 규제(Negative System)

2) 외국환거래행위

원인행위		결제행위
무역거래	수출입거래, 비거주자와의 용역거래	지급등 (지급 · 수령)
무역외거래	여행, 운수, 보험, 투자수익, 정부거래, 기타 서비스거래, 이전거래	
자본거래	협의의 자본거래	
직접투자등	해외직접투자, 지사설치, 부동산취득	

⬇ ⬇

무역거래(대외무역법, 관세법), 무역외거래 · 자본거래(외국환거래법)	외국환거래법

3) 거주자와 비거주자의 구분

외국환거래의 주체는 거주자와 비거주자로 구분되며, 양자는 서로 상반관계에 있다.

여기서 ① 거주자란 대한민국에 주소 또는 거소를 둔 개인, 대한민국에 주된 사무소를 둔 법인을, ② 비거주자란 거주자 외의 개인 및 법인을 말한다.

거주자와 비거주자의 구분이 명백하지 아니한 경우에는 아래와 같이 대통령령으로 정하는 바에 따르고(시행령 제10조), 거주자와 비거주자의 요건을 동시에 충족하는 경우에는 경제활동의 실질적 중심지를 기준으로 판단한다.

거주자	국민	• 비거주자이었던 자로서 입국하여 국내에 3개월 이상 체재하고 있는 자
	외국인	• 국내에서 영업활동에 종사하고 있는 자 • 6개월 이상 국내에 체재하고 있는 자
비거주자	국민	• 외국에서 영업활동에 종사하고 있는 자 • 2년 이상 외국에 체재하고 있는 자
	외국인	• 거주자였던 외국인으로서 출국하여 외국에서 3개월 이상 체재 중인 자

4) 외국인의 거주성 판단 논쟁 사례

(1) 논쟁 개요

- W씨는 15.5.22. 서울 종로구 소재 부동산 취득에 관한 부동산 매매계약을 체결하고 15.8.3. 소유권 이전
- 신규 취득 부동산은 15.8.3. 본인 소유 성북동 주택을 매각하고, 당일자에 동 매각자금으로 잔금을 납부(취득가액: 14.2억원)
  - 1955년생, 호주국적, 영주체류자격(F-5) 외국인
  - (주소) 서울시 종로구 내수동
- 거래당사자는 15.7월 한국은행 외환심사팀에 거주성 판단 및 외환거래 신고여부를 문의하였으며
- 15.8.4. 자신이 비거주자의 국내 부동산 취득으로 판단하여 한국은행에 신고서를 제출하였으나 신고서가 반려됨

(2) 거주성 판단

한국은행은 거래당사자가 다음과 같은 사유로 "비거주자"로 판단하였음

① 거래자가 현재 홍콩○○○ 소속으로 지역총괄업무를 맡아 국내에서 업무수행
② 출입국 기록상 주로 해외에서 체류하는 것으로 확인

• 거래당사자는 호주국적의 외국인에 해당하나 "국내에서 영업활동에 종사하는 자"로 외국환거래법상 "거주자"로 볼 수 있음
  – 한국은행은 상기인이 6개월 이상 국내에 체류하였는지를 주요 판단기준으로 보았으나 외국인이 국내에서 영업활동에 종사하고 있는 경우 국내 체류일과 관계없이 거주자로 판단가능

• '09.2.24. 국내법인 ○○○증권㈜에 사내이사로 등기되어 '08년부터 국내 귀속소득에 대하여 근로소득세를 매년 지속적으로 납부
  – 세금(백만원) '07(720) → '08(652) → '09(159) → '10(297) → '11(260) → '12(212) → '13(344) → '14(83)

• '10년부터 서울 성북동에 국내 거소를 마련하였고 '11.12.5. 국내 영주체류 자격도 취득하였음

(3) 외국환은행의 업무상의 의무(제10조)

외국환거래당사자		외국환은행
신고의무	• 원인행위: 자본거래의 신고 • 결제행위: 상계, 제3자 지급 등	확인의무
보고의무	• 직접투자등, 현지금융 등	사후관리의무
지급등절차 준수의무	• 미화 5천불 초과 지급 및 미화 15만불 초과 수령	확인의무
회수의무	• 채권회수의무(삭제) • 투자금회수의무	확인의무

(4) 외국환거래법규 위반자에 대한 제재

미신고 금액	위반시점					
	'06.3.3. 이전 위반	'06.3.3. 이후 위반	'09.2.4. 이후 위반	'11.8.1. 이후 위반	'16.6.3. 이후 위반	'17.6.27. 이후 위반
50억원 초과	거래정지 (1년 이내) ※ 형사벌칙 병과가능	거래정지 (1년 이내) ※ 형사벌칙 병과가능	형사벌칙 (1년 이하 징역 또는 1억원 이하 벌금)	형사벌칙 (1년 이하 징역 또는 1억원 이하 벌금)	형사벌칙 (1년 이하 징역 또는 1억원 이하 벌금)	형사벌칙 (1년 이하 징역 또는 1억원 이하 벌금)
10억원 초과 ~50억원 이하				과태료 Max(50만원, 1%), 또는 Max (100만원, 2%)		
2만 달러 초과 ~10억원 이하			과태료 Max(50만원, 1%), 또는 Max(100 만원, 2%)		과태료 Max(50 만원, 1%), 또는 Max(100 만원, 2%)	과태료 Max(100 만원, 2%), 또는 Max(200 만원, 4%)
2만 달러 이하	경고					

02 지급등 절차 및 방법

1) 지급 등 절차 및 방법(규정 §4-2)

거주자	지급, 영수	비거주자	
→		서류제출	건당 미화 5천불을 초과하는 지급등을 하고자 하는 경우 외국환은행장에게 지급등의 사유와 금액을 입증하는 서류를 제출하여야 함
		사전신고	지급등을 하고자 하는 경우 당해 지급 또는 그 원인이 되는 거래 또는 행위가 법, 영, 이 규정 및 타 법령 등에 의하여 신고등을 하여야 하는 경우에는 당해 지급을 하기에 앞서 그 신고등을 먼저 하여야 함

지급 등 절차 예외	비고
• 예외거래 (증빙서류 제출 없는 지급등 거래),　• 대상: 거주자 (외국인거주자 제외)	
1. 규정에 따른 신고를 필요로 하지 않는 거래로서 다음 각호의 1에 해당하는 지급 　가. 연간 누계금액이 미화 5만불 이내(자본거래의 경우에도 포함하여 합산)인 경우 　나. 연간 누계금액이 미화 5만불을 초과하는 지급으로서 당해 거래의 내용과 금액을 서류를 통해 외국환은행의 장이 확인할 수 있는 경우	• 외국환은행의 장에게 당해 거래의 내용을 설명하고 제2-1조의2(지급 및 수령)의 절차에 따라 확인 • 지정외국환거래은행 지정
2. 이 규정에 따른 신고를 필요로 하지 않는 수령	• 동일자·동일인 기준 미화 5만불을 초과하는 경우에는 서면에 의하여 외국환은행장으로부터 수령사유를 확인

지급 등 절차 예외	비고
3. 정부 또는 지방자치단체의 지급등	
4. 거래 또는 행위가 발생하기 전에 하는 지급(해외여행경비, 해외이주비, 재외동포 국내재산반출 관련 거래 제외)	• 거래 또는 행위발생 후 일정기간 내에 지급증빙서류를 제출하여 정산(지급금액의 100분의 10이내에서 정산의무면제)
5. 전년도 수출실적 미화 5천만불 이상인 기업의 송금방식 수출대금의 수령 및 전년도 수입실적이 미화 5천만불 이상인 기업의 송금방식 수입대금의 지급	• 지급등의 증빙서류를 5년간 보관
6. 외촉법상 외국인투자기업 및 외국기업 국내지사설립을 위하여 비거주자가 지출한 비용의 반환을 위한 지급	• 지출비용을 수령한 외국환은행을 통하여 지급
7. 해외여행경비, 해외이주비, 재외동포 국내재산반출 관련규정에서 증빙서류 제출 없이 지급할 수 있도록 별도로 정한 자금의 지급	

2) 지정거래외국환은행을 통하지 않은 지급

(1) 위규내역

㈜○○○는 A은행을 지정거래외국환은행으로 지정하여 대부투자 방식의 해외직접투자신고를 하고 몽골소재 현지법인에 50만달러를 송금, '14.2월 동 대여금액을 지정거래외국환은행이 아닌 B은행을 통해 회수함으로써 외국환거래법상 지급등 절차 위반

(2) 거래유의사항

거래당사자는 해외직접투자, 금전대차 등 거래외국환은행을 지정한 경우 관련된 자금의 입출금도 반드시 지정거래외국환은행을 통하여 거래하여야 함

(3) 은행확인사항

외국환은행은 해외직접투자, 금전대차 등 거래외국환은행을 지정해야 하는 거래와 관련된 자금이 입금된 경우 자행이 외국환은행으로 지정되었는지 반드시 확인

- 자행이 지정거래외국환은행이 아닐 경우에는 타행앞 관련신고가 이루어진 거래라고 하더라도 지급처리할 수 없음
- 외화자금 입금시 동 자금의 입금 사유를 반드시 확인

(4) 관련법규

「외국환거래규정」 제4-2조

3) 비거주자와의 상계 신고누락

(1) 위규내역

㈜○○○은 '14.3.23. 한국은행총재앞 금전대차 신고 후 베트남소재 현지법인 △△△에 대하여 총 80만달러를 대여하였으나, 차주에 상환하여야 할 채무(외주가공비 미지급금, 31억원 상당) 중 80만달러에 해당하는 금액을 동 대여금과 상계 처리하면서 비거주자와의 상계에 관한 외국환은행장앞 신고를 하지 않음

(2) 유의사항

- 거주자가 비거주자와 채권, 채무를 건별로 결제하지 않고 채권과 채무를 상쇄하고 차액만 결재하는 경우 외국환은행 또는 한국은행에 신고하여야 함
- 거주자와 비거주자 양 당사자간에 상계를 하는 경우 외국환은행장앞 신고
- 다국적기업의 상계센터를 통하여 상계하거나 다수의 당사자의 채권 또는 채무를 상계하는 경우 한국은행총재앞 신고사항

(3) 관련법규

「외국환거래규정」 제5-4조

4) 제3자 지급

(1) 거래현황

OO는 '14.2.12.~'17.1.23. 기간 중 용역대금을 계약 상대방인 위해아트미발
유한공사 등이 아닌 HI ART CO. LTD 등 3개 업체에게 지급
  ① 91회, 총 USD 12,565,774를 지급(10,000달러 초과)
  ② 4회, USD 33,774를 지급(10,000달러 이하)

(2) 거래사유

중국 현지법인인 위해아트미발유한공사 등 3개 업체와 임가공(가발)용역 위
탁계약을 체결, 동 임가공용역을 위탁 받은 회사가 중국의 다른 현지법인 HI
ART CO., LTD. 등 3개 업체에게 재위탁

(3) 위반사항

• 한국은행총재 앞 신고없이(①), 외국환은행장앞 신고없이(②) 제3자지급
• 관세청의 상기 법인에 대한 조사결과 발견되어 자진신고

(4) 위반내용

• 시점: '14.2.12.~'17.1.23.
• 금액(천달러): 12,599
• 조치: 과태료 부과 및 경고(215,250,000원)

(5) 관련법규

규정 제5−10조(신고 등)

03 자본거래

1) 해외예금신고 및 보고의무

거주자	예금	비거주자	
		신고 의무	예금거래	지정거래외국환은행 (단, 건당 미화 5만불을 초과하여 해외송금시에는 한국은행 신고)
		보고 의무	해외 입금보고	미화 1만불 초과하여 입 금하는 경우 입금일로부 터 30일 이내 지정거래 외국환은행장에게 보고
		잔액 현황보고	익년도 1월말까지 한국은 행총재에게 보고 • 법인: 50만불 초과 • 기타: 10만불 초과	

2) 거주자의 해외예금 거래

(1) 위규내역

㈜○○○는 '13.8월 지정거래외국환은행장 앞 신고없이 쿠웨이트 소재 은행에 예금계좌를 개설하고 '13.8월~9월중 2차례에 걸쳐 현지 건설사로부터 수령한 공사대금 50만달러를 입금하면서 신고를 하지 않음

(2) 유의사항

- 거주자가 해외에서 비거주자와 외화예금거래를 하고자 하는 경우에는 지정 거래외국환은행의 장에게 신고
- 국내에서 송금한 자금으로 예치하고자 하는 경우에는 지정거래외국환은행 을 통해 송금

(3) 관련법규

「외국환거래규정」 제7 – 11조, 제7 – 12조

3) 금전대차 신고의무

거주자	금전대차	비거주자	
기재부 • 외화: 3000만불 • 원화: 10억원	차입	외화	• 영리법인 (회사): 외국환은행 • 비영리법인 및 개인: 한국은행
		원화	외국환은행
	대출	한국은행	

4) 거주자의 비거주자로부터 외화차입

(1) 거래현황

'15.12.31. 김OO씨는 자신의 자(子) 김XX(구치소 복역 중)의 사업상 거래처에 근무하고 있는 비거주자(싱가폴인)로부터 아들의 변호사 선임 비용 마련을 위해 USD 200,000을 차입하였음

(2) 위반사항

김OO는 지정거래외국환은행을 경유하여 한국은행총재에게 신고하지 않고 비거주자로부터 차입하였음

(3) 민원내용

- 은행 담당자의 업무미숙으로 인해 외화수령시 관련 입증서류를 제출받지 않고 타발송금을 처리하는 등 확인의무 미이행 사실이 밝혀짐
- 과태료 부과 대상자가 은행 담당자에게 과태료(253만원) 대납을 요구

(4) 관련법규

「외국환거래규정」 제7 – 14조

5) 증권취득

- 거주자(신고의무자) 비거주자: 한국은행총재앞 신고
- 비거주자(신고의무자) 거주자: 외국인투자촉진법에서 정한 출자목적물에 의해 취득하는 경우 외국환은행장 앞 신고 or 그 외의 경우 한국은행총재앞 신고

> ※ 주의사항
> - 거주자와 비거주자간의 증권양수도는 원칙적으로 신고사항에 해당하나, 외국환거래 규정이 정하고 있는 절차에 따라 취득할 경우 신고의무 면제
> - 거주자간의 (외화)증권양수도는 규정 §7-43에 따라 신고의무가 면제되나, 해외직 접투자에 해당하는 경우 양도인·양수인 모두 해외직접투자 신고를 이행하여야 함

6) 해외증권취득 – 채권상계의 지분취득

(1) 거래현황

OO는 '16.8.15. 한국은행총재 앞 신고 없이 미국 소재의 매출거래처 AHER TEST SYSTEM에 대한 수출대금* USD 323,300를 현금으로 회수하는 대신 동 회사가 발행한 지분율 0.2%인 주식 20만주(액면 USD 0.01)를 수령하는 계약을 체결하고 동 일자에 주식을 취득하였음

* 수출통관일자: '15.12.3

(2) 거래사유

수출대금을 회수하는 대신 거래상대업체가 발행한 주식을 받음

(3) 위반사항

한국은행총재앞 신고 없이 해외증권취득(상계 부분에 대한 제재 병행)

(4) 위반내용

- 시점: '16.8.15
- 금액(천달러): 323
- 조치: 과태료 부과(5,680,000원)

(5) 관련법규

규정 제7-31조(거주자의 증권취득)

7) 해외증권취득 자금 증여성 수령

(1) 거래현황

김○○(○○갤러리대표)는 00.8월~03.3월 기간중 증여(남편)받은 자금으로 미국 Leadis Tehchnology Inc. 비상장 주식 총 1,798,125주를 USD 849,156에 매입, 동 주식이 04.6월 나스닥 상장되자 장내매도 후 홍콩과 싱가포르에 예치한 뒤 10.9월 1차 USD 6,500천, 14.7월 2차 USD 1,710천 등을 증여성 송금으로 수령

(2) 거래사유

02~05년 해외체류로 비거주자 당시 축적한 현지 해외자산의 국내반입이라고 주장, 출입국기록 확인결과 비상장주식 취득 시 거주자였음

(3) 위반사항

재정경제부장관 허가 등 없이 거래, 은행직원은 법규 위반 여부에 대한 확인 없이 증여성 송금으로 취급

(4) 위반내용

- 위반시점: 00.8.1.
- 금액(천달러): 849
- 증여성 수령: 14.7월
- 조치: 1년간 외화증권 취득정지

(5) 관련법규

구 「외국환거래규정」 제7 - 35조

8) 탈세행위 및 부수행위에 대한 형사처벌법규

역외거래를 수반하는 소득과 재산으로써 세법상 법정신고기한 내에 신고하지 아니하거나 과소하게 신고한 소득과 재산
- 「조세범처벌법」: 탈세
- 「특정범죄 가중처벌 등에 관한 법률」: 탈세
- 「특정경제범죄가중처벌등에 관한법률」, 「국내재산도피방지법」: 재산국외도피
- 「범죄수익은닉의규제 및 처벌등에 관한 법률」(특정경제범죄법상 국외재산도피죄와 관련된 범죄수익에 한정): 범죄수익 은닉 · 수수
- 「국제조세조정에 관한 법률」: 해외금융계좌신고의무(법제34조) 위반
- 「외국환거래법」: 외국환거래 신고의무 위반
- 「소득세법」 제165조의2 또는 「법인세법」 제121조의2에 따라, 신고의무가 있는 해외직접투자에 해당되는 재산 또는 자본거래에 해당되는 외국에 있는 부동산이나 이에 관한 권리

9) 비거주자의 국내증권 취득

(1) 위규내역

비거주자인 ○○○은 한국은행총재앞 신고없이 '13년 중 국내법인 ㈜△△△
의 제3자배정 유상증자시 동사의 주식 11여만주를 12만달러 상당에 취득(○○○
은 주식취득 대금을 외화로 송금 요청)

(2) 유의사항

• 비거주자가 거주자로부터 비상장 국내원화증권을 외국인투자자촉진법에서
  정한 출자목적물에 의해 취득하는 경우에는 외국환은행장앞 사전신고
• 그 외의 경우에는 한국은행총재앞 사전신고

(3) 관련법규

「외국환거래규정」 제7-32조

04 부동산취득

1) 해외부동산취득 신고의무(규정 제9-39조)

〈그림 10.1〉 해외부동산취득 요약

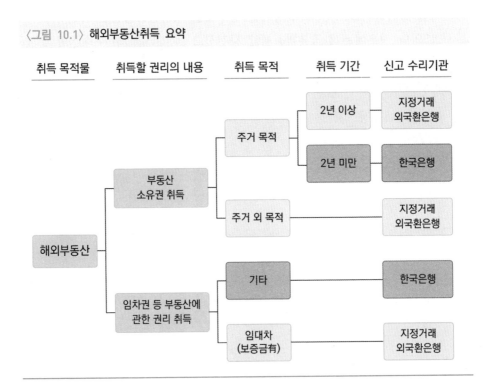

2) 유학경비 송금을 통한 해외부동산취득

(1) 위규내역

○○○는 '10.5월~12월 중 3차례에 걸쳐 캐나다에 유학 중인 자녀의 유학자금 지급을 위해 외화자금을 송금하고, 유학경비에 사용하고 남은 자금과 현지은행으로부터 차입한 자금을 합하여 몬트리올 소재 100만달러 상당의 주택 소유권을 취득하였으나 외국환은행장에게 부동산취득 신고를 하지 않음

(2) 거래유의사항

부동산 취득 명의인이 거주자인 경우, 구입자금을 국내에서 송금하지 않더라도 해외부동산 취득 신고 필요

(3) 은행확인사항

통상적인 유학경비 수준을 초과하는 송금신청이 있을 경우 실제 자금 사용목적을 확인

(4) 관련법규

「외국환거래규정」제5-11조, 제9-39조

3) 신고수리 내용과 다른 명의로 부동산 취득

(1) 위규내역

○○는 '11.2월 본인명의로 미국 부동산을 취득하기 위해 해외부동산취득 신고수리를 받고 300만달러를 송금하였으나, 신고내용과 달리 아들 명의로 부동산을 취득하였나 외국환은행장에게 변경신고를 하지 않음

(2) 거래유의사항

거래당사자는 신고수리를 받은 내용에 변경사항이 발생할 경우 취득 이전에 변경신고 필요

(3) 은행확인사항

• 부동산취득 최초 신고수리 시 신고 내용에 변경사항(명의인, 목적물 등)이 있을 경우 사전에 변경신고가 필요함을 안내
• 해외부동산취득보고서 검토 시 신고수리 받은 내용에 따라 부동산을 취득했는지 확인

(4) 관련법규

「외국환거래규정」제9-39조

4) 모기지론 관련 자금조달방법 변경신고누락

(1) 위규내역

○○○는 필리핀 부동산 구입을 위해 외국환은행장에게 구입자금 전액을 국내에서 조달하는 것으로 신고하고 100만달러를 송금하였으나, 신고내용과 달리 국내 송금액 100만달러와 현지 은행으로부터 받은 모기지론 50만달러를 합하여 150만달러를 지급하고 부동산 소유권을 취득하였음에도 취득가액 및 자금조달방법 변경을 신고하지 않음

(2) 거래유의사항

부동산 취득신고 시에는 매매가액 및 자금조달 방법을 정확히 구분기재하고 국내 송금액에 한하여 신고하는 것이 아님에 유의

(3) 은행확인사항

부동산 매매계약서 등을 통해 거래당사자가 취득하고자 하는 목적물 가액 및 구체적인 자금조달 방법을 확인한 뒤 부동산취득 신고를 수리

(4) 관련법규

「외국환거래규정」제9-39조

5) 해외부동산취득 신고 내용 미이행

(1) 위규내역

○○○는 '12.9.10. 미국 소재 주택을 구입하기 위하여 외국환은행에 신고하고 100만달러를 송금하였고, 이후 부동산 매매계약이 취소되었으나 외국환은행에 부동산취득 변경신고없이 자금을 국내로 회수하지 않음

(2) 거래유의사항

• 현지 사정변경으로 부동산 소유권을 취득하지 못하게 될 경우에는 최초 신고내용이 변경된 것이므로 변경신고 필요
• 부동산 소유권 취득 및 송금자금 회수가 불가한 경우 자금 사용내역을 소명해야 하며, 소명이 불충분할 경우 신고내용 미이행으로 제재조치를 받을 수 있음에 유의

(3) 은행확인사항

해외부동산 취득신고 수리시 신고한 내용에 따라 부동산 소유권을 취득하지 못할 경우 변경신고 후 송금된 자금을 국내로 회수해야 한다는 점을 안내

(4) 관련법규

「외국환거래규정」 제9-39조

6) 해외부동산취득 - 처분보고서 미제출

(1) 거래현황

OOO은 '15.6.26. 미국 소재의 주거용 주택*을 비거주자에게 USD 526,938.27에 매각하였음에도 외국환은행장 앞 해외부동산처분보고서 제출을 하지 않음
   * 신고일자(송금금액): '12.8.27.(USD 510,000), 취득인: 김OO(배우자)

(2) 거래사유

동 해외부동산은 배우자 명의로 취득(신고불요)하였으나 16.8월 합의이혼 후 배우자는 연락두절, 그간 해외부동산 매각 사실을 인지하지 못하였음(외국환은행의 해외부동산 계속 보유사실 입증서류 제출 요청 시 확인)

(3) 위반사항

외국환은행장 앞 3월 이내 해외부동산처분보고서 제출의무를 위반하였음

(4) 위반내용

- 시점: '15.9.26.
- 조치: 과태료 부과(800,000원)

(5) 관련법규

규정 제9－40조(사후관리)

※ 회수대상금액이 50만 달러를 초과하므로, 3년 이내에 회수하지 않을 경우 검찰 통보대상이나, 현재 기일 미도래(규정개정 17.6.29일 삭제)

7) 비거주자의 국내부동산 취득 신고 누락

(1) 위규내역

비거주자인 시민권자 ○○○는 가족명의의 토지가 국가에 수용되면서 본인 명의로 상속받은 부동산을 처분하여, '01년 8월 주거용 부동산을 구입함. 이후 '14.9월 부동산 매각한 후 재외동포 재산반출로 송금을 진행하던 중 부동산 취득 시점에 신고를 하지 않음을 인지

(2) 거래유의사항

비거주자가 거주자로부터 부동산을 상속받는 경우에는 신고예외사항(규정 제9－42조)으로 되어 있으나, 상속받은 부동산을 처분 후 국내부동산을 취득하는 것은 한국은행총재 신고사항임(규정 제9－42조)

(3) 은행확인사항

• 외국환거래법상 비거주자인 경우 국내부동산 취득신고가 되어 있는지 확인
• 부동산 취득시 취득자금을 해외에서 전액 반입하였는지, 국내에서 일부 조달하거나 보증금 있는 집을 취득하였는가에 따라 외국환은행, 한국은행총재 신고사항으로 분류됨

(4) 관련법규

「외국환거래법시행령」 제10조, 「외국환거래규정」 제9-42조

05 기타 외국환거래

1) FX마진거래 관련 증거금 송금

(1) 거래위규내역

거주자가 해외시장에서 F/X마진거래를 하는 경우 국내투자중개업자를 통하여 매매거래가 이루어져야 함

거주자 ○○○은 해외투자중개업자의 인터넷사이트 가입 후, 외국환은행을 통해 '11.12.~'13.9.기간 4차례 7만 6천달러의 FX마진거래 증거금을 송금

(2) 거래유의사항

• 해외투자중개업자에게 직접 송금하여 F/X마진거래를 하는 행위는 자본시장법령 위반(「자본시장법시행령」제184조)
• 「외국환거래규정」제4-1조는 국내법령에 반하는 지급을 금지하고 있음

(3) 은행확인사항

• 해외투자중개업자에게 직접송금하여 F/X마진거래를 하는 경우 중개업자의 인터넷사이트 폐쇄 등으로 투자금을 회수하지 못할 수 있음
• 자본시장법령을 위반한 지급은 외국환거래법상 지급절차 위반사항이므로 송금 전 확인할 필요

(4) 관련법규

「자본시장법시행령」 제184조, 「외국환거래규정」 제4-1조

2) 거주자와 비거주자간 거래 - 골프회원권거래

(1) 거래현황

OO고속은 '16.11.10. 홍콩 소재의 지분율 100%의 현지법인*인 OO건설(홍콩)유한공사로부터 중간배당금 USD 933,000를 현금 대신 중국 산동성 소재의 골프회원권(웨이하이포인트) 7개 구좌를 취득하였음

  * 해외직투 신고일자(투자금액): '11.12.22.(USD 38,000,000)

(2) 거래사유

해외현지법인의 중간배당금을 국내에 들여오지 않고 해외골프회원권 취득

(3) 위반사항

외국환은행장 앞 신고 없이 해외골프회원권의 매입

(4) 위반내용

- 시점: '16.11.10
- 금액(천달러): 933
- 조치: 검찰 통보

(5) 관련법규

규정 제7 - 21조(거주자와 비거주자간의 거래)

3) 비거주자에 대한 증여

(1) 거래현황

김OO는 '18.8.27. 한국은행총재에게 신고하지 않고 비거주자인 캐나다 시민권자 이XX(올케) 및 김ZZ · 김YY · 김PP(조카)에게 각각 100,000,000원씩 총 400,000,000원을 증여하였음

(2) 거래사유

동일 은행 내에서 대외계정간 계좌이체로 발생

(3) 위반사항

한국은행총재 앞 신고 없이 비거주자에게 증여

(4) 위반내용

- 시점: '18.8.27.
- 금액(천달러): 400,000,000원
- 조치: 과태료 부과(800만원)

(5) 관련법규

규정 제7-43조, 제7-46조(신고 등)
금융제재대상자와의 지급등에 대한 허가
- 거주자(금융기관 포함)가 「국제평화 및 안전유지 등의 의무이행을 위한 지급 및 영수 허가 지침」(기획재정부)에 따라 '금융제재대상자'로 지정된 자와 지급 및 영수를 하고자 하는 경우에는 한국은행 총재의 허가를 받아야 함
- 허가기준: 금융제재대상자와의 지급 및 영수는 원칙적으로 금지되어 있으며 거래상대방 및 거래내용 등 제반 사정을 고려할 때 불가피성이 인정되는 예외적인 경우에만 허가

[이란과의 거래 금지]
- 원칙적으로 금지(특정금융거래정보의보고및이용등에관한 법률)
  - 법 제4조 금융기관등은 금융거래와 관련하여 수수한 재산이 불법재산이라고 의심되는 합당한 근거가 있거나,
  - 금융거래의 상대방이 자금세탁행위나 공중협박자금조달행위를 하고 있다고 의심되는 합당한 근거가 있는 경우 그 사실을 지체 없이 금융정보분석원장에게 보고해야 함
- 원유 관련 거래 허용('11.2월)
  - 금융정보분석원(KoFIU)은 FATF 비협조국가(이란)과 금융거래는 한국은행총재에게 신고하거나 허가를 받은 경우에 한해 거래 가능

[이란과의 불법거래 – 제3자 지급, 자금세탁방지위반]

- ○○은행 잠실트리지움지점은 '11.2.10.~'11.7.20. 기간중 (주)앤OO의 수입대금 총 87건, 996백만달러의 결제업무를 처리
  - 앤OO의 거래가 MSL & CO Investment Trading(두바이)으로부터 수입하여 FARSOODEH AND PARTNERSHIP CO(이란 소재)로 수출하는 계약(중계무역)이었음(한은 신고 필)
  - 수입대금 결제 시, AL MASAR AL MUSTAQEEM 등 44인(사)의 제3자 지급 거래에 해당하는데도, 한국은행 총재앞 사전신고 여부를 확인하지 않고 송금
- (법 제10조) 외국환은행은 고객과 외국환 거래를 할 때에는 고객의 거래나 지급 또는 수령이 외국환거래법에 따른 허가를 받았거나 신고를 한 것인지를 확인하도록 의무를 부여하고 있음
- (규정 제5-10조) 거주자가 제3자 지급등을 하고자 하는 경우 한국은행총재에게 신고하여야 함

〈그림 10.2〉 **관련 중계무역 거래 흐름도**

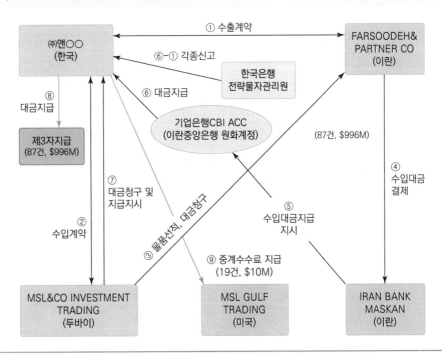

[의심스러운거래(STR) 보고 지연]

• 의심정황

- 앤OO는 09.7.14. 신설된 법인, ○○은행과의 여수신 및 무역거래 실적이 없었음

- 수출입거래가 시작되던 무렵에 뚜렷한 근거도 없이 상호명이 길다는 사유로 회사명을 변경하였음(KSI OOOOOO → 앤OO)

- 수출입관련 모든 선하증권(Bill of lading) 47건에 선적일자(on board date)가 없음

- 선하증권19건에는 선하증권 발행일 이전(수출물품선적)에 이란으로부터 지급지시서(Payment Order)를 받아 원화를 수취

- '12.9.25. 준법지원부가 (주)앤OO의 對이란 중계무역의 수입결제 관련 당발송금 107건에 대하여 의심스러운 거래로 금융정보분석원에 일괄하여 지연 보고하였음

[외국환업무취급기관 - 등록 및 변경신고(법제8조)]

• A사는 외국환업무취급기관 등록을 하지 않고 동사가 운용·지시하는 집합투자기구에서 미국 펀드의 수익증권을 매입하였음

• B사는 전문사모집합투자업 등록을 통해 C사로 명칭 등을 변경하였음에도 변경신고를 하지 아니함

- (등록의무) 외국환업무를 업으로 하려는 자는 명칭, 본점 및 국내 영업소의 소재지, 외국환업무의 취급범위, 자본·시설 및 전문인력에 관한 사항 등이 포함된 신청서에 관련서류를 첨부하여 기재부장관에게 등록하여야 함

  ➡ (위반시 제재) 3년 이하의 징역 또는 3억원 이하의 벌금

- (변경·폐지신고의무) 상기 등록내용을 변경 또는 폐지하고자 하는 외국환업무취급기관은 변경 또는 폐지하려는 날의 7일 전까지 관련서류를 기재부장관에게 제출하여야 함

  ➡ (위반시 제재) 5천만원(취급범위변경 未신고) 또는 1천만원(그외 未신고)의 과태료, 업무정지 2개월

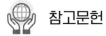 **참고문헌**

금융감독원, 외국환거래 위규 사례집, 2019

한국은행, 외국환거래신고업무편람, 2019

법령 (2):
해외직접투자

01 해외직접투자 개념

1. 외국환거래법(제3조제1항제18호): 외국법령에 따라 설립된 법인(설립 중인 법인을 포함)이 발행한 증권을 취득하거나 그 법인에 대한 금전의 대여 등을 통하여 그 법인과 지속적인 경제관계를 맺기 위하여 하는 거래 또는 행위로서 대통령령으로 정하는 것

   외국환거래법 시행령(제8조): 1. 외국 법령에 따라 설립된 법인(설립 중인 법인을 포함)의 경영에 참가하기 위하여 취득한 주식 또는 출자지분이 해당 외국법인의 발행주식총수 또는 출자총액에서 차지하는 비율(주식 또는 출자지분을 공동으로 취득하는 경우에는 그 주식 또는 출자지분 전체의 비율을 말한다. 이하 이 항에서 "투자비율"이라 한다)이 100분의 10 이상인 투자

2. 투자비율이 100분의 10 미만인 경우로서 해당 외국법인과 다음 각 목의 어느 하나에 해당하는 관계를 수립하는 것

   가. 임원의 파견

   나. 계약기간이 1년 이상인 원자재 또는 제품의 매매계약의 체결

   다. 기술의 제공·도입 또는 공동연구개발계약의 체결

   라. 해외건설 및 산업설비공사를 수주하는 계약의 체결

3. 제1호 또는 제2호에 따라 이미 투자한 외국법인의 주식 또는 출자지분을 추가로 취득하는 것

4. 제1호부터 제3호까지의 규정에 따라 외국법인에 투자한 거주자가 해당 외국법인에 대하여 상환기간을 1년 이상으로 하여 금전을 대여하는 것(대부투자)

02 설립신고 절차 관련

1. 해외현지법인에 대한 현물출자 신고누락

(1) 위규내역

㈜○○○는 '13.2월~'13.4월중 4차례에 걸쳐 중국에서 기계장치를 구매한 후 외국환은행장 앞 해외직접투자 신고없이 베트남 소재 현지법인에 현물출자 하였음

(2) 거래유의사항

• 현금투자액 뿐만 아니라 현물출자도 사전신고 대상
• 부득이 무역거래를 통해 현지 수출한 현물을 출자할 경우에도 자본전입 이전에 외국환은행장 앞 신고

(3) 은행확인사항

• 송금금액과 지분취득금액이 불일치할 경우 불일치사유를 확인
• 외국환은행장 앞 신고없이 현물투자 등이 이루어진 경우에는 관련 법규 위반안내

(4) 관련법규

「외국환거래규정」제9 – 5조

2. 신고내용과 다르게 해외직접투자 실행

(1) 위규내역

㈜○○○는 '13.10.1. 외국환은행장에게 해외현지법인에 지분투자를 한다고 사전신고를 하였으나, 신고내용과 달리 '13.10.4. 27만달러를 대여금(대부투자)으로 송금하였음

(2) 거래유의사항

• 거래당사자는 해외직접투자 사전신고시 투자방법(지분투자 혹은 대부투자)을 명확히 구분하여 신고
• 최초에 신고한 내용과 달라진 경우 외국환은행장 앞 사전변경신고 필요

(3) 은행확인사항

• 사후보고 관련 송금금액과 지분취득금액이 불일치할 경우 불일치사유 확인
• 임의로 투자방법을 변경하는 것은 관련 법규 위반임을 안내
• 금전대여(상환기간 1년 이상)를 통한 대부투자는 사전에 지분투자한 해외현지법인에 대해서만 가능함을 안내

(4) 관련법규

「외국환거래규정」제9－5조

3. 신규설립자금 휴대반출

(1) 거래현황

엔○○○○은 '16.3.3.~'16.7.5. 기간 중 외국환은행장 앞 신고 없이 미국 소재의 지분율 100%의 현지법인인 NZ ORIGIN INC. 설립하기 위해 송금 5회, USD 77,985 휴대반출 3회, USD 2,015 총 USD80,000의 지분 취득

(2) 거래사유

현지법인을 설립할 목적으로 송금하면서 거래처로부터 수입대금 결제 목적

의 송금으로 기재

(3) 위반사항

외국환은행장앞 신고 없이 해외직접투자

(4) 위반내용

- 시점: '16.7.5.
- 금액(천달러): 80
- 조치: 과태료 부과(740,000원)

(5) 관련법규

규정 제9-5조(해외직접투자의 신고 등)

4. 해외지사 신규설립 신고누락

(1) 위규내역

㈜○○○는 '12.12월 외국환은행의 장에게 사전신고하지 않고 라오스 현지에 해외연락 사무소(해외사무소)를 설립

(2) 유의사항

- 해외사무소나 해외지점을 신규 설립할 경우에는 반드시 지정거래외국환은 행에 사전신고
- 수취인명과 송금인명이 유사한 경우 해외현지법인 혹은 해외지사 여부를 확인
- 해외사무소 경우 대부분 자금수입원이 국내 본사 송금에 의존하므로 동일 수취인에 대한 주기적인 송금시 해외사무소 신고 여부 확인 필요

(3) 관련법규

「외국환거래규정」 제9-18조

03 신고내용 변경 관련

1) 해외현지법인의 지분 무상취득 신고누락

(1) 위규내역

㈜○○○는 '12.10월 외국환은행장에게 해외직접투자 신고 후 러시아 현지법인 지분(51%)을 취득하였으나, '14.6월 외국환은행장 앞 해외직접투자 신고 없이 동 현지법인의 지분 20%를 공동투자자(비거주자)로부터 무상취득하였음

(2) 거래유의사항

거래당사자는 국내에서의 송금이 없더라도 현지법인의 지분 취득 이전에 해외직접투자 사전신고 필요

(3) 은행확인사항

• 해외직접투자와 관련한 모든 신고절차는 사전신고가 원칙
• 사전신고의무를 누락한 경우에는 제재기관의 제재를 받은 후 신고기관에 사후신고를 할 수 있음을 안내

(4) 관련법규

「외국환거래규정」 제9－5조

2) 대부투자금의 출자전환

(1) 위규내역

㈜○○○는 외국환은행장에게 해외직접투자 신고 후 '11.9월 베트남 소재 현지법인에 10만달러를 대부투자하였으나, '12.1월 외국환은행장 앞 사전신고하지 않고 대부투자금을 출자전환하였음

(2) 거래유의사항

- 이미 지분투자한 외국법인에 대하여 상환기간을 1년 이상으로 하여 금전을 대여하는 것은 해외직접투자(대부투자) 신고사항
- 현지법인 대부투자금에 대해 자본금으로 출자전환하는 경우 외국환은행장 앞 변경신고를 하여야 함

(3) 은행확인사항

- 송금신청서상의 수취인이 해외현지법인인 경우에는 해외직접투자(지분 또는 대부투자) 목적의 송금 여부를 확인
- 송금액과 지분취득금액이 불일치할 경우 불일치사유를 확인하고, 외국환은행장 앞 신고없이 출자전환하는 것은 관련 법규 위반임을 안내

(4) 관련법규

「외국환거래규정」제9-5조

3) 대부투자의 만기연장 변경신고누락

(1) 위규내역

○○○는 '10.8월 외국환은행장에게 해외직접투자(대부투자) 신고 후 현지법인에 50만달러를 대여하였으나, '12.8월 해외직접투자 변경신고 없이 대부투자의 만기를 연장

(2) 거래유의사항

당초 해외직접투자 신고한 내용이 변경될 경우에는 사전에 해외직접투자 변경신고할 필요

(3) 은행확인사항

- 대부투자방식의 해외직접투자 신고 검토시 금전대차계약서상 대부기간과 상환조건을 확인
- 대부투자의 내용변경은 사전신고사항임을 충분히 안내

(4) 관련법규

「외국환거래규정」 제9-5조

4) 대부투자금의 조기회수

(1) 위규내역

㈜○○○는 '14.2월 외국환은행장에게 일본 소재 현지법인에 20만달러를 '14.3월~'16.3월(2년) 기간 중 대부투자한다고 신고하였으나, 해외직접투자 변경신고 없이 '15.1월 대부투자금액 중 10만달러를 회수하였음

(2) 거래유의사항

대부투자는 외국법인에 대하여 1년 이상 금전을 대여하는 경우에만 가능하므로 특별한 사유*를 제외하고는 1년 이내 대부투자금의 조기 회수가 불가

* 해외직접투자자의 회생절차 등 신고기관장이 불가피하다고 인정하는 경우 사전변경신고 가능

(3) 은행확인사항

- 대부투자방식은 대여기간이 1년 이상이어야 하므로 1년 이내 조기회수가 원칙적으로 불가능함을 안내
- 불가피하게 조기회수를 하고자 하는 경우에는 반드시 회수전 외국환은행에 변경신고를 하여야 함을 안내

- 현지법인에 대한 단기(1년 미만) 금전대여는 해외직접투자(대부투자)가 아닌 금전대차(거주자의 비거주자에 대한 대출)로 한국은행에 신고하도록 안내

(4) 관련법규

「외국환거래규정」 제9-5조

※ 전환사채의 전환권 행사

① 거래현황: 녹XX은 '16.5.8. 외국환은행장 신고 없이 일본 현지법인*(LYMPHOTIC INC)이 발행한 무담보신주전환부사채** JPY 36,000,000를 보통 주식 JPY 36,000,000으로 전환(5,349주, 지분율 변경: 24.3%→14.5%)하였음

  * 최초 신고일자: '06.6.16., 지분율 24.3%, 투자금액: JPY 1,425,000,000

  ** 한국은행 증권취득 신고일자: '13.5.22.

② 거래사유: 신주인수권부전환사채를 보통주식으로 전환

③ 위반사항: 외국환은행장앞 신고 없이 증자

④ 위반내용

  • 시점: '16.5.8

  • 금액(천달러): 353(36백만엔)

  • 조치: 과태료부과 2,170,000원

⑤ 관련법규: 법 제18조(자본거래의 신고 등), 영 제32조(자본거래의 신고 등), 규정 제9-5조(해외직접투자의 신고 등)

※ 현지법인의 무상감자

① 거래현황: OO㈜은 '17.3.21. 일본 소재의 지분율 67.9%의 현지법인인 Theravalues Corporation*가 자본금을 무상감자함에 따라 지분금액이 JPY 1,221,600,000에서 JPY 67,857,143으로 변경되었음(위반금액: 0원)

  * 최초 신고일자: '16.10.27, 지분율 변동 없음

② 거래사유: 현지법인의 무상감자

③ 위반사항: 외국환은행장 앞 변경신고의무를 위반하였음

④ 위반내용

  • 시점: '17.3.21

  • 금액(천달러): 0

  • 조치: 경고

⑤ 관련법규: 국환거래규정 제9-5조

※ 현지법인 이익잉여금의 자본금 전입

① 거래현황: 신OOO은 '16.9.27. 중국 소재의 현지법인*인 대화산기가흥유한공사의 이익잉여금 중 USD 644,077.30를 자본금으로 전입하였음

   * 신고일자(투자금액): '05.6.24.(USD 2,550,000), 지분율: 85%

② 거래사유: 익잉여금의 자본금 전입

③ 위반사항: 외국환은행장 앞 신고 없이 증자

④ 위반내용

   • 시점: '16.9.27.

   • 금액(천달러): 644

   • 조치: 과태료 부과(5,700,000원)

⑤ 관련법규: 규정 제9-5조(해외직접투자의 신고 등)

04 현지법인과의 거래

1) 해외현지법인 통한 주가조작 - 불공정 금융거래

(1) 주가조작(줄기세포 관련) 및 횡령

ROO 라OO대표가

- '08~'12년 동안 회삿돈 600만달러와 102억 5,000여만원을 횡령, '12년 적자 상태인 의료법인을 인수(일본소재)하고 회삿돈 43억원을 동 법인에 빌려줌 (배임)
- 매출이 저조하자 청약을 가장해 매출실적을 높이고 허위 재무제표를 공시한 혐의(주식회사의 외부감사에 관한 법률)와 관세 3억 1,400만원을 포탈한 혐의(관세법)
- '11.8.29. ㈜ROO바이오의 직원 6명 명의로 생활안정자금 대출을 받게 하여, ○○은행(관악구청지점)에서 1인당 증여성송금 한도인 5만달러 이하로 쪼개 Li Yun 등 중국인 6명에게 분산송금을 지시한 혐의

2) 부당 외국환거래

(1) 증여성 분산송금

관악구청 지점은 자금출처가 모두 동일(근무 회사 또는 대표이사 관계인)한 현금출금 및 수표금을 통해 단기간 내에 16차례 해외송금 취결

1. 거주자의 비거주자앞 증여(5만 달러 초과시 한은 신고要) 등 신고회피 목적으로 외환거래를 알선·중개(거래규정 §2-1③)
2. 수표금 지급제시(배서)를 위해 수표 뒷면에 성명, 실명번호 확인 후 서명 등을 하지 않음(실명법 §3①)
3. 명의자의 송금결제자금을 대체지급이 아닌 현금지급 방식으로 16차례 모두 취급(구 규정§91의2, 현 영§20의2, 규정§29의3)

〈그림 10.3〉 Roo바이오의 불법 외환거래 흐름도

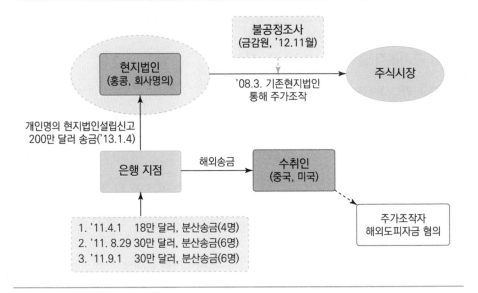

3) 해외현지법인 통한 주가조작 - 불공정 금융거래

(1) 해외직접투자 보고의무 미이행

- 라○○은 '13.1.4. 00은행에 해외직접투자 신고(유효기간 1년) 후 2백만달러를 송금하였으나 증권취득을 하지 못하였음
- 인수 현지법인은 '08.3.12. 허위 해외직접투자 신고를 통해 반출한 자금으로 ROO 바이오 주식을 매수하여 주가조작 및 비자금 조성에 이용한 당시 법인의 해외법인
- 외국환은행은 투자자로부터 투자액 납입 후 6개월 내 외화증권취득을 보고

받지 못하는 경우 30일내 이행독촉하고 그로부터 60일 이내 미이행시 감독원 보고(거래규정 §9-9, §10-9)

(2) 해외예금거래 미신고

'07~'09년 미국에서 해외예금 계좌를 개설하고 36만달러를 입금 받고서 지정거래 외국환 은행장에게 신고하지 않음

4) 경상·자본거래 혼재

(1) 거래현황

㈜OO무역은 업무용 비행기 구매와 관련한 선급금을 회수하는 과정에서 비거주자와의 기타자본거래가 발생, 세무조사 중 위반사실 인지('16.12월)

* OO무역은 의류제조 및 유통 사업 영위, '09.7.30. 유가증권 시장 상장, 비행기는 임직원이 방글라데시 지역의 거래처 및 공장방문 등을 위해 중고업무용으로 구매

(2) 거래사유

㈜OO무역은 현지법인(AAI)에게 비행기 구매계약을 양도('12.2.17.)하면서 비거주자에 대한 채권이 발생(旣지급 선급금)

(3) 위반사항

거주자가 비거주자와 채권의 매매계약에 따른 채권의 발생 등에 관한 거래를 하고자 하는 경우에는 한국은행총재에게 신고 필요

(4) 위반내용

• 시점: '12.2.17.
• 금액(천달러): 4,500
• 조치: 검찰통보

(5) 관련법규

규정 제7-21조

〈그림 10.4〉 비행기 구매계약 관련 거래 흐름도

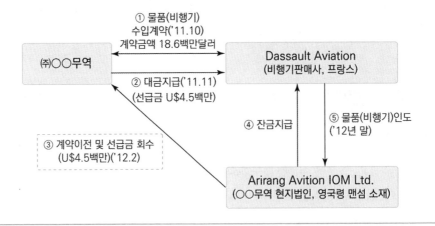

5) 경상·자본 혼재거래

(1) 경상거래 관련 쟁점

비행기 구매 관련 거래구조가 경상거래와 자본거래가 혼재되어 있음
• 경상거래 관련 수출입대금 회수는 한은신고대상에 해당하지 않음

※ 기획재정부(외환제도과) 회신 내용
'14.11월 중 ㈜OO무역은 은행담당자와 함께 기획재정부(외환제도과)를 방문하여 동 거래의 신고대상 포함 여부에 대하여 문의
- 항공기 판매사 및 해외현지법인과의 계약이전 거래방식은 관련법규 해석에 일부 애매한 부분이 있을 수 있어 항공사가 아닌 일반기업이 신고 여부를 사전에 인지하지 못할 수 있다는 사실은 공감하나, 현재 다른 항공사들이 동일한 거래유형으로 항공기 구매 시 신고절차를 이행하고 있어 한국은행 신고가 필요

(2) 적용환율 관련 쟁점

매매기준율, 현찰매입율 등 거래환율의 적용방법에 따라 50억원 미만(검찰통

보 대상여부 결정)

- 매매기준율 @1,127.80 × U$4,500,000 = 5,075,100,000원
- 현찰매입율 @1,108.07 × U$4,500,000 = 4,986,315,000원

※ 과태료산정(자진납부)
1) 위반금액: 5,075,100,000원(USD 4,500,000 @1,127.80)
2) 과태료금액(①-②): **50,000,000원**
   ① Max (1,000,000, 5,075,100,000원×2%) = 101,502,000원
   ② 감경: 101,502,000원×0.4 = 40,600,800원 (감경사유: 자진신고)
   ③ ①-② = 60,901,200원 ⇨ 50,000,000원(과태료 상한)
   ※ 의견진술 기간 내 납부: 50,000,000×(1-0.2) = 40,000,000원

05 관련 기타 거래 등

1) 해외지급보증 계약

(1) 거래현황

OOOO은 '16.6.22. 한국은행총재에게 신고하지 아니하고 현지법인(DooXXX Holdings Europe., Ltd)의 독일 소재 자회사인 DooXXX Benelux SA가 물류창고 (Logicstic Centre) 임차와 관련하여 임대인인 Deutsche Lease와 EUR 1,700,000 의 지급보증계약을 체결하였음

(2) 거래사유

거주자의 현지법인의 자회사에 대한 지급보증계약

(3) 위반사항

거주자가 비거주자와 채무의 보증계약에 따를 채권의 발생 등에 관한 거래를 하고자 하는 경우에는 한국은행총재에게 신고하여야 함

(4) 위반내용

• 시점: '16.6.22.
• 금액(천달러): 0
• 조치: 경고

(5) 관련법규

규정 제7−19조

참고문헌

금융감독원, 외국환거래 위규 사례집, 2019

한국은행, 외국환거래신고업무편람, 2019

외환리스크 관리

01 환율 결정 Mechanism

1) 주요통화 환율고시(KEB하나은행, 2019.8.16.)

(1) 환율정보

- 이 환율정보는 로이터를 통해 서울외국환자금중개에서 일반 고객이 참조할 수 있도록 준거환율(Reference Rate)로 제공하는 환율이며 고객의 외환관리를 돕기 위한 참고자료이므로, 어떠한 경우에도 고객의 외환거래 결과에 대한 법적인 책임소재를 주장하는 증빙자료로 사용될 수 없습니다.
- 재정환율은 Bid-Offer 중간율을 재정한 환율입니다.
- 전일종가는 조회기준일 전일 오후 3시 30분 기준입니다.
- Bid-Offer를 제외한 현재가, 시가, 고가, 저가, 재정환율은 체결가 기준입니다.
- USD/KRW를 제외한 나머지 통화는 현재가가 제공되지 않습니다.

기준일	2019-08-16			고시시간	14:34(259회차)			조회시간	2019-08-16 14:35		
통화명	현찰 사실 때	사실 매 (스프레드율)	현찰 파실 때	파실 매 (스프레드율)	송금 보내실 때	송금 받으실 때	T/C 사실 매	외화수표 파실 매	매매 기준율	환가료율	미화 환산율
미국 USD	1,232.29	1.75	1,189.91	1.75	1,222.90	1,199.30	1,225.63	1,197.95	1,211.10	4.03200	1.0000
일본 JPY 100	1,160.79	1.75	1,120.87	1.75	1,152.01	1,129.65	1,152.23	1,129.13	1,140.83	1.84917	0.9420
유로 EUR	1,371.25	1.99	1,317.75	1.99	1,357.94	1,331.06	1,364.66	1,330.49	1,344.50	1.54714	1.1101
중국 CNY	180.32	5.00	163.16	5.00	173.45	170.03	0.00	0.00	171.74	5.52767	0.1418
홍콩 HKD	157.48	1.97	151.40	1.97	155.98	152.90	0.00	152.75	154.44	4.17500	0.1275
싱가포르 SGD	890.75	1.99	855.99	1.99	882.10	864.64	0.00	863.75	873.37	4.17500	0.7211
호주 AUD	838.72	1.97	806.32	1.97	830.74	814.30	834.85	813.56	822.52	3.30500	0.6792
영국 GBP	1,494.36	1.97	1,436.62	1.97	1,480.14	1,450.84	1,487.47	1,449.77	1,465.49	2.68550	1.2100
캐나다 CAD	927.45	1.97	891.63	1.97	918.63	900.45	923.18	899.48	909.54	3.86500	0.7510

2) 환율 관련 주요 내용

(1) 환율 표시방법

자국화 표시환율: 외국통화 1단위 또는 100단위와 교환되는 자국통화의 단위량, 1USD = 1,127.60, 대부분의 나라가 사용

외화 표시환율: 자국화 1단위와 교환되는 외국통화의 단위량, 1GBP = USD1.6498, 영국, 호주, 뉴질랜드, 남아공, 유로 등

- 현물환(Spot): 거래 후 2영업일 이내에 결제(settlement)
- 외환시장 개장: 09:00~15:30
- Bid−Offer rate: two−way quote
  - 가격제시은행이 고객에게 팔거나(Offer rate), 고객으로부터 사는 환율 (Bid rate)
- 재정환율/환포지션

3) 재정환율(1) - 개념

(1) 외국환거래규정

- 매매기준율: 최근 거래일의 외국환중개회사(2개)를 통하여 거래가 이루어진 미화와 위안화 각각의 현물환매매 중 익익영업일 결제거래에서 형성되는 율과 그 거래량을 가중 평균하여 산출되는 시장평균환율을 말함
- 재정된 매매기준율: 최근 주요 국제금융시장에서 형성된 미화와 위안화 이외의 통화와 미화와의 매매중간율을 미화 매매기준율로 재정한 율을 말함 (제1−2조 7호, '16.3.22)
- (서울외환중개) 고시당일 주요 국제 외환 시장의 최근 시세는 8:10분대(한국시간기준) 입수함을 원칙으로 함. 다만, 08:10분대에 입수가 곤란한 경우에는 주요 국제외환시장에서 최근 거래된 환율을 적용
- KEB하나은행은 bid−offer의 중간율을 재정환율로 고시하고 있음, 다만 최초 고시 환율에만 시장환율을 적용

4) 재정환율(2) - 거래 환율(수정)

　　외환거래를 위해 은행이 제시한 환율이 다음과 같다고 할 때 고객은 어떤 조건으로 거래해야 할까요?(Fixed currency/Variable currency)

① USD/KRW 1196.00-20
- 수출대금을 달러로 받아 원화로 바꾸는 경우 1196.00에 달러 매각
- 고객이 원화를 대가로 달러를 매입하는 경우 1196.20에 달러 매입

② USD/JPY 109.29-33
- 엔화를 대가로 달러를 매각하는 경우 109.29에 달러 매도
- 엔화를 대가로 달러를 매입하는 경우 109.33에 달러 매입

③ EUR/USD 1.1885-90
- 달러화를 대가로 유로화를 매각하는 경우 1.1885에 유로 매도
- 달러화를 대가로 유로화를 매입하는 경우 1.1890에 유로 매입

5) 재정환율(3) - 크로스 레이트 산출

① USD/KRW 1196.00-20, USD/JPY 109.29-33(자국통화간)
　크로스 레이트 산출(JPY유입 자본금을 원화 convert하는 경우)
- 입금된 JPY를 매도하고 USD를 매입하는 경우 USD/JPY의 offered rate가 적용되므로 적용환율은 109.33
- 매입한 달러를 팔아서 원화를 매입하는 경우 USD/KRW의 bid rate가 적용되므로 적용환율은 1196.00
- USD1＝JPY109.33, USD1＝KRW1196.00이 되어
　JPY＝1196.00/109.33KRW, 즉 10.9393(100엔당 1093.93)

	Bid rate			Offered rate
USD/KRW	1196.00			1196.20
USD/JPY	109.29			109.33
	① (1196.00/109.33)			② (1196.20/109.29)
JPY/KRW	1093.93			1094.52

② USD/JPY 109.29-33, EUR/USD 1.1885-90(자국통화와 외국통화간)
   크로스 레이트 산출(매입포지션 발생)

• 매입포지션 EUR를 매도하고 USD를 매입하는 경우 EUR/USD의 bid rate가
  적용되므로 적용환율은 1.1885
• 매입한 USD를 팔아서 JPY를 매입하는 경우 USD/JPY의 bid rate가 적용되
  므로 적용환율은 109.29
• EUR1 = USD1.1885, USD1 = JPY109.29이 되어
  EUR1 = 1.1885 × 109.29JPY, 즉 129.89

	Bid rate		Offered rate
EUR/USD	1.1885		1.1890
	×		×
USD/JPY	109.29		109.33
	‖		‖
EUR/JPY	129.89		129.99

(1) 포지션(1)

① 환포지션(Foreign Exchange Position)

• 금융기관, 기업이 보유하고 있는 외화로 표시된 순자산의 상태
• 외화표시자산과 외화표시부채의 차액으로 금융기관이나 기업이 환위험에
  노출된 부분
• 외환포지션 = 외환의 매도액 − 외환의 매입액

② 환포지션의 형태

- Square 포지션: 외환매입 = 외환매도
- Over Bought 포지션: 외환매입 > 외환매도(예 수출)
- Over Sold 포지션: 외환매도 > 외환매입(예 수입)

환포지션과 환율변동에 따른 손익관계

구분	형태	환위험		자금과부족	
		환율상승 (원화가치하락)	환율하락 (원화가치상승)	외화	원화
Over Bought	외환매입 > 외환매도	환차익	환차손	유입	유출
Over Sold	외환매입 < 외환매도	환차손	환차익	유출	유입
Square	외환매입 = 외환매도	–	–	–	–

③ 환율의 결정과 변동

외화의 수요와 공급에 따라 외환시장에서 결정

④ 외화의 수요

- 상품 및 서비스의 수입
- 자본유출
- 내국인의 해외투자
- 내국인의 해외여행
- 기타

⑤ 외화의 공급

- 상품 및 서비스 수출
- 자본유입
- 외국인의 국내투자
- 외국인의 국내여행
- 기타

⑥ 국가리스크 평가방법 및 평가수단

	평가방법 및 평가수단
정성적 방법 (Qualitative structural Approach)	• 복지정책 및 사회발전 지표분석(Analysis of welfare and social indicators of the development process) • 거시경제적 분석(Analysis of the macroeconomic structures of growth) • 외채, 유동성, 지불능력 분석(External indebtedness, liquidity and solvency analysis) • 저축과 투자의 갭(Savings-investment gap) • 성장, 위기 및 지배구조(Growth, crisis and governance) • 정치적 리스크(Political risk)
통계, 수학적, 정량적 방법 (Quantitative approach)	• Rating and Scoring • 판별분석(Discriminant analysis) • 로짓, 프로빗 모델(Logit, probit models) • 회귀분석(Regression analysis) • 몬테카를로 시뮬레이션(Monte carlo simulations) • Value at Risk(VaR) • 주성분분석(Principal component analysis) • ARCH/GARCH model • Multi-criteria method(threshold)

〈그림 12.1〉 글로벌 경제, 국제거래 리스크

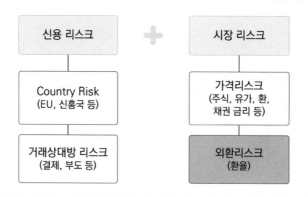

⑦ 환리스크 관리

• 환리스크란
  – 국제간 거래에서 채권·채무에 대한 결제수단
  – 즉 외국환이 결부되어 발생되는 리스크

• 환리스크 관리
  – 환율변동위험을 피해 수출입거래로부터 확정된 수익 보장
  – FX Exposure를 환율의 변동에 따라 어떻게 줄여주느냐

⑧ 환리스크 관리 개관

• 환리스크 관리 절차
  – 인식(Identify) – 환리스크의 인식 및 관리 원칙 수립
  – 측정(Measure) – 환리스크의 계량화(Value at Risk)
  – 통제(Control) – 헤지비율, 헤지기간, 헤지상품
  – 보고(Report) – 수시 및 정기적 현황분석 및 경영진 보고

⑨ 환리스크 인식

• 환산 노출
  – 외화자산과 외화부채를 자국통화 또는 다른 기준통화로 환산할 때 발생
  – 국내기업의 외화차입
  – 내국인의 해외증권투자
  – (회계적 위험)

• 경제적 노출
  – 예상치 못한 환율 변동으로 미래 기대 현금흐름이 변동할 때 발생
  – 원화강세로 해외매출 감소
  – 원화약세로 차입금, 이자 증가
  – (영업 위험)

• 거래적 노출
  – 계약체결시점과 결제시점 환율변동으로 발생
  – 선박, 건설, 플랜트 등 계약

  – 유산스 등 해외 구매계약

  – (환 위험)

⑩ 시장리스크 측정

* VaR는 포트폴리오 포지션에 대해 정상적인 시장에서 주어진 신뢰 수준 (confidence level)하에서 일정보유기간(holding period) 동안 발생할 수 있는 최대 손실금액으로 측정

* 바젤위원회·금감원: 시장리스크 기준 자기자본량 산출 내부모형(VaR)은 1년 이상 시장데이터 관측기간을 사용, 10일 보유기간 및 99% 단측 신뢰구간(Z = 2.33, 95% z = 1.65)을 적용하여 산출

〈그림 12.2〉 VaR의 관리영역

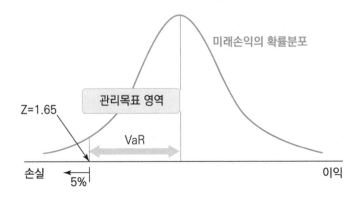

VaR = 환리스크 노출 규모 × 변동성 × 신뢰수준 × √보유기간

현재 환율 1,150원, 변동성 5%, 신뢰구간 95%, 1년 후 최대 환율 하락폭은?

94.88(약1,055.13원) = 1,150원 × 5% × 1.65 × √250 / √250
VaR가 10억원이라고 하면 1년 동안 발생할 수 있는 최대손실금액이 10억 원보다 작을 확률은 95%라는 뜻

<그림 12.3> 환리스크 통제(보고!)

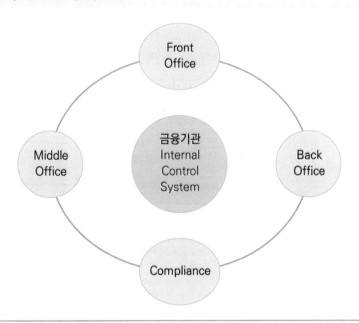

환리스크 허용한도설정	• 목표영업이익의 일정부분을 확보하기 위해 허용 한도(손실한도) 설정
헤지 대상 기간 결정	• 확정된 계약에 대한 헤지 • 경제적 환리스크 헤지를 위한 헤지 만기 결정
기간별 헤지 비중 결정	• 예상 매출액 추정 • 제품의 가격 탄력성, 계약 중도 해지 등 고려
헤지 상품 선택	• 원가와 현재환율 수준 고려 • Cash Flow와 환율에 대한 예측 반영

⑪ 적정 손실한도 관리(예)

• A기업의 수출액이 200억원, 영업이익은 5%로써 10억원이 발생한다고 하자. 손실허용한도를 영업이익의 20%로 설정할 때 적정 한도는?
  - 2억원

• 여기서, 현물환율(1,000), 변동성(6%), 기간6개월(125일), 신뢰구간(95%, z=1.65) 등의 변수를 사용하면 달러당 최대 손실금액(Var)은?
  - 달러당 70원($=1,000 \times 6.0\% \times \sqrt{125}/\sqrt{250} \times 1.65$)

- 이때 손실한도는?
  - 2.9백만달러(200백만원/70원)
- 만약 10백만달러의 매출이 추가발생하는 경우 헷지포지션 금액은?
  - 예상손실최대금액 = 2.9백만달러/10백만달러(29%)

    헤지position = 7.1백만달러(71%)

⑫ 환리스크 관리방법

⑬ 환리스크 관리기법

- 내부적 관리
  - 네팅
  - 매칭
  - 리딩 및 래깅
  - 기타

- 외부적 관리
  - 단기금융시장
  - 파생상품(선물환, 통화옵션 등)
  - 환리스크 보험

⑭ 내부적 관리 기법

- 네팅(netting)
  - 외화자산과 외화부채를 상계하여 차액만을 결제하는 방법
  - 양당사자(bilateral), 다자간(multilateral) - Netting Center
  - 외국환거래규정 제5-4(상계), 제5-5(상호계산)
  - 외국환은행 또는 한국은행 신고 대상

- 매칭(matching)
  - 외화자금의 유입과 유출을 통화별, 만기별로 일치시킴
  - 상대방과 관계없이 동일한 통화로 표시된 채권, 채무를 보유
  - 외화자금흐름불일치에서 발생할 수 있는 외환리스크 제거

- 리딩 및 래깅(Leading & Lagging)
  - 결제기일을 당기거나 지연

－ 가격정책(Pricing Policy): 환율변동 고려 계약 통화 선택

－ 포트폴리오(Portfolio): 전략적인 통화 선택

－ 재송장(Re－invoicing): 낮은 세율부과 지역에 재송장센터 설치

－ 자산부채종합관리(Asset & Liability Management): 환율변동에 따라 종합적으로 관리

⑮ 외부적 관리 기법

－ 단기자금시장

－ 선물환

－ 외환스왑

－ 통화스왑

－ 통화옵션

〈그림 12.4〉 단기금융시장

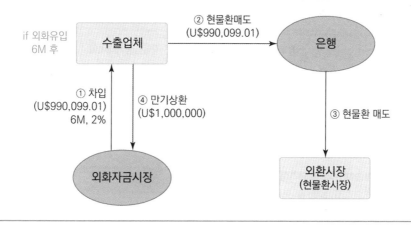

⑯ 파생상품거래

• 파생상품(derivatives)은 거래의 바탕이 되는 기초자산(underlying asset) 가격의 움직임에 따라 그 가치가 결정되는 상품

기초자산	거래방식	파생상품 정의
• 금융상품: 주식 · 통화 · 지수 · 이자율 • 일반상품: 금, 원유 등 • 기타상품: CDS, 돈육, 날씨 등	• 선물(선도, 선물환) • 옵션, 스왑, 구조화상품	• '자본시장법' 제5조 • '외국환거래규정' 제7-40조 • '한국채택국제회계기준'

⑰ 선물환

〈그림 12.5〉 선물환 매각(Back to back)

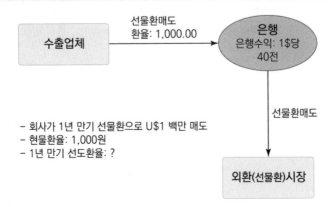

- 회사가 1년 만기 선물환으로 U$1 백만 매도
- 현물환율: 1,000원
- 1년 만기 선도환율: ?

〈그림 12.6〉 선물환 Pay Off

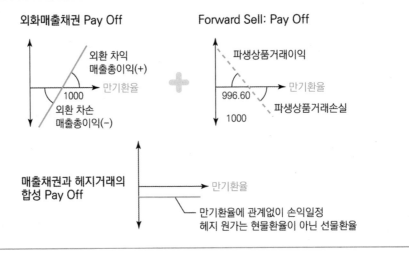

〈그림 12.7〉 선물환 가격결정

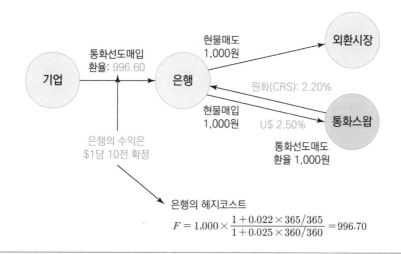

은행의 헤지코스트
$$F = 1,000 \times \frac{1 + 0.022 \times 365/365}{1 + 0.025 \times 360/360} = 996.70$$

⑱ 선물환(Back to back)

- 고객의 요청으로 선물환을 매입하여 외환시장에서 선물환을 매도
- 선물환시장에서 선물환율이 이론가보다 낮아 매도자에게 불리

구분	계약 개시일	만기일	
고객(조선사 등)	–	선물환매도	
은행	〈포지션〉		선물환매입
〈헤지〉		선물환매도	

⑲ 선물환이론가

$$F_0 = S_0 e^{(r - r_f)T} \quad e = 2.71728, \text{ exponential function}$$

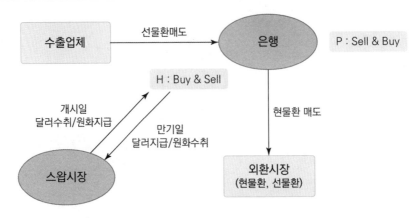

〈그림 12.8〉 외환(FX)스왑

은행 포지션: 현물환(-), KRW(+),   스왑: USD buy & sell against KRW

---

⑳ 스왑거래 개시일(달러수취, 원화지급), 만기일(달러지급, 원화수취)의 포지션에 따라 반대방향(Buy & Sell)의 FX 스왑거래 실행

- 1년 이상 장기선물환인 경우 장기 FX스왑시장이 형성되지 않음
- 사실상 거래 불가능

구분		계약 개시일	만기일
기업고객		–	선물환매도
은행	〈포지션〉 Sell &Buy	현물환매도	선물환매입
	〈헤지〉 Buy &Sell	달러수취/ 원화지급	달러지급/원화수취 (원금에 이자포함)

㉑ 통화스왑(Currency Swap)

- 통화스왑이란?

미리 약정한 대로 미래에 현금흐름을 교환하는 두 당사자 간의 계약

🔲 A회사가 2년 후 수출대금 1억 달러 수취할 예정, 현재 원화 운전자금이 필요하여 원화채권 발행, 액면금액 1,000억원, 만기 2년, 금리 5.5%, 통화스왑 가격은 아래와 같음

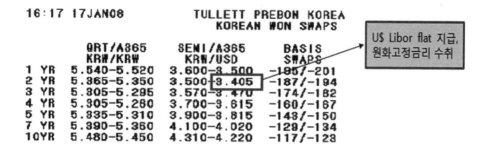

〈그림 12.9〉 통화스왑(Currency Swap) - 흐름도

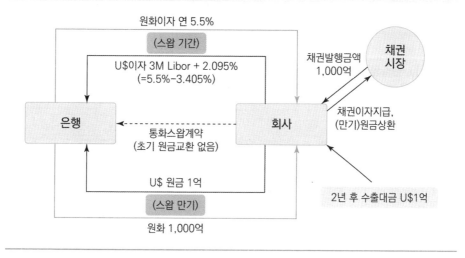

〈그림 12.10〉 통화스왑(Currency Swap) – Cash Flow

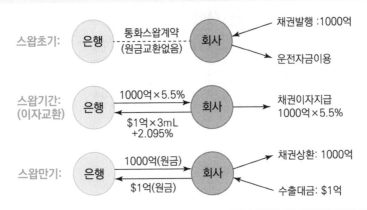

〈표 12.1〉 선물환, 외환스왑, 통화스왑 비교

	선물환	외환스왑	통화스왑
이자, 원금 교환	이자 교환 없이 원금의 교환만 발생	이자 교환 없이 원금의 교환만 수반	이자 원금의 교환 수반
원금교환시기	시초: 원금교환 없음 만기: 원금교환	시초, 만기: 반드시 교환	시초: 원금교환 선택 만기: 원금교환 필수
적용환율	선물환율	시초: 현물환율 만기: 선물환율	현물환율
예시	USD/KRW 시초, 계약기간: 이자교환 없음 만기: @1150	USD/KRW 원금교환 환율 시초: @1200 만기: @1150	USD/KRW 원금교환 환율 시초: @1200 만기: @1200

📋 **보험회사의 통화스왑 거래**

• 국내 A생명보험회사는 저금리에 따른 국내 금융시장에서의 자금운용 애로를 타개하기 위하여 3년 만기 달러 표시 채권에 U$10,000,000을 투자하려 한다.

• A생명보험회사는 이 투자와 관련된 달러/원 통화 리스크를 관리하기 위해 달러 채권을 원화채권으로 전환시키려 한다.

• 현재 현물환율은 1U$＝1200원, 달러 채권의 이자는 U$ Libor, 3년 달러/원 통화스왑레이트는 5%이다.

〈그림 12.11〉 A생보사의 달러 채권투자와 통화 스왑

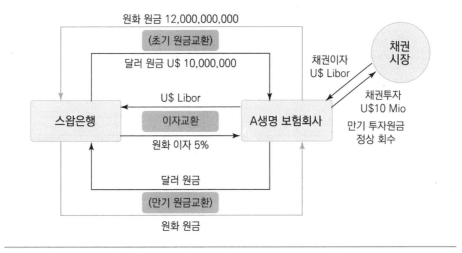

〈그림 12.12〉 통화옵션-콜

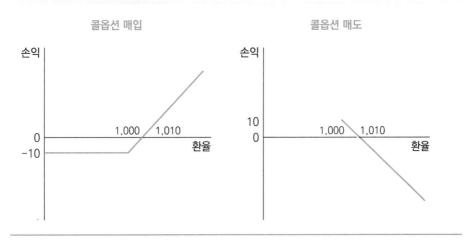

㉒ 통화옵션계약은?

정해진 환율로 미래에 외국통화를 사거나(콜) 팔 수 있는(풋) 권리에 대한 계약

• 통화옵션 매입자: 프리미엄을 지급하고 옵션의 권리를 취득
• 통화옵션 매도자: 프리미엄을 수취하고 옵션매입자의 권리행사에 응할 의
  무부담

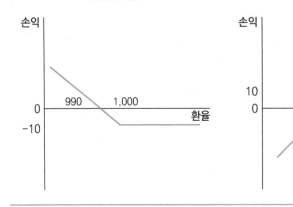

〈그림 12.13〉 통화옵션-풋

풋옵션 매입

풋옵션 매도

통화옵션-가격결정

- 회사가 1년 만기USD Put/KRW Call 옵션U$1백만 매입
- 현물환율: 1,000원, 계약환율: 990
- 옵션프리미엄(계약 시 지불): ??

※ 옵션 프리미엄 결정(Black-Scholes Model)

옵션가격 = f(현물환율, 계약환율, 원화금리, 달러금리, 만기, 변동성)

$$Call = S \cdot e^{-rfT} \cdot N(d_1) - K \cdot e^{-rdT} \cdot N(d_2)$$

$$Put = K \cdot e^{-rdT} \cdot N(-d_2) - S \cdot e^{-rfT} \cdot N(-d_1)$$

$$d_1 = \frac{Ln\dfrac{S}{K} + (rd - rf + 0.5 \times \sigma^2)\, T}{\sigma\sqrt{T}} \qquad d_2 = d_1 - \sigma\sqrt{T}$$

- 은행이 1년 만기, 행사가격 990.0원인 풋 옵션 U$1 백만 매도
- 매입가격: U$1당 20원(총20백만원)

〈그림 12.14〉 **풋옵션 거래**

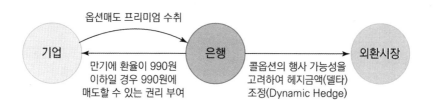

옵션매도 프리미엄 수취

기업 → 은행 → 외환시장

만기에 환율이 990원
이하일 경우 990원에
매도할 수 있는 권리 부여

콜옵션의 행사 가능성을
고려하여 헤지금액(델타)
조정(Dynamic Hedge)

• 은행은 옵션행사가능성 계산, 헤지 금액 조정 등 옵션행사 가능성 대비
  – 만기 옵션행사 여부보다 변동성에 의해 옵션수익이 결정되므로 변동성
    관리

〈그림 12.15〉 **합성통화옵션**

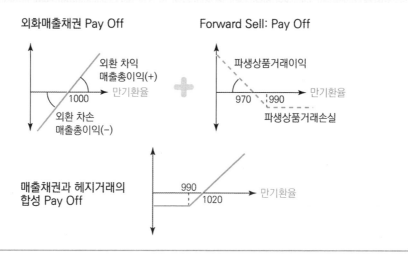

외화매출채권 Pay Off

외환 차익
매출총이익(+)

1000 만기환율

외환 차손
매출총이익(-)

Forward Sell: Pay Off

파생상품거래이익

970 990 만기환율

파생상품거래손실

매출채권과 헤지거래의
합성 Pay Off

990
1020 만기환율

• 환율상승이 예상되고 변동성이 낮을 때는 옵션이 유리

〈참고〉 장내외 통화선물 · 옵션 비교

	장내파생상품	장외파생상품
상품종류	선물, 옵션	선물환, 스왑, 옵션
이용고객	개인, 기업 등 불특정 다수	상대적으로 규모가 크고 신용이 우수한 기업체나 금융기관
신용리스크	보증금제도, 일일정산제도 등을 통해 신용리스크 없앰	신용리스크 존재
상품구조	단순화, 표준화	다양한 구조의 상품

〈참고〉 통화선물 종류

거래대상	미국달러화 (USD)	일본엔 (JPY)	유로화 (EUR)	중국위안화 (CNH)
거래단위	US $10,000	JP ¥1,000,000	EU €10,000	CNH ¥100,000
결제월	분기월 중 12개, 그 밖의 월 중 8개	분기월 중 4개와 그 밖의 월 중 4개	분기월 중 4개와 그 밖의 월 중 4개	분기월 중 4개와 그 밖의 월 중 4개
상장결제월	총 20개 (1년 이내 매월, 1년 초과 매분기월 상장)	1년 이내의 8개 결제월	1년 이내의 8개 결제월	1년 이내의 8개 결제월
가격 표시	US $1당 원화	JP ¥100당 원화	EU €1당 원화	CNH ¥1당 원화
최소가격 변동폭	0.10원	0.10원	0.10원	0.01원
최소가격 변동금액	1,000원 (US $10,000 × 0.10원)	1,000원 (JP¥1,000,000/ 100×0.10원)	1,000원 (EU €10,000 ×0.10원)	1,000원 (CNH ¥100,000 ×0.01원)
최종거래일	결제월의 세번째 월요일(공휴일인 경우 순차적으로 앞당김)			
최종결제일	최종거래일로부터 기산하여 3일째 거래일			
가격제한폭	기준가격 대비 상하 ± 4.5%	기준가격 대비 상하 ± 5.25%	기준가격 대비 상하 ± 5.25%	기준가격 대비 상하 ± 4.5%

참고문헌

금융감독원, 검사역 연수자료, 2020

황문연, 파생상품 거래손실 사례분석, 한국금융연수원, 2013

김운섭, 외환딜링, 한국금융연수원, 2007

조갑제, 국제금융, 두남, 2017

저자약력

강성운	법무법인 화우	변호사
김성진	법무법인 화우	변호사
박영우	법무법인 화우	변호사
박진형	법무법인 화우	고문
배동구	신한은행	지점장
유경희	HSBC은행 서울지점	본부장
이광재	세무법인 안국글로택스	세무사
이 윤	성균관대학교 무역연구소	선임 연구원
이홍교	국민은행	전)본부장
정홍주	성균관대학교	교수
황문연	금융감독원	금융교육교수

해외직접투자

초판발행   2022년 2월 24일

편저자   정홍주
펴낸이   안종만 · 안상준

편 집   배근하
기획/마케팅   정연환
표지디자인   이영경
제 작   고철민 · 조영환

펴낸곳   (주) 박영사
서울특별시 금천구 가산디지털2로 53, 210호(가산동, 한라시그마밸리)
등록 1959. 3. 11. 제300-1959-1호(倫)

전 화   02)733-6771
f a x   02)736-4818
e-mail   pys@pybook.co.kr
homepage   www.pybook.co.kr
ISBN   979-11-303-1478-5 93320

copyright©정홍주 외, 2022, Printed in Korea

정 가   25,000원